W0260211

EDITION PAGE

Springer-Verlag Berlin Heidelberg GmbH

Michael Baumgardt

Kreatives DTP

Tips und Tricks step-by-step

Mit CD-ROM, zahlreichen Abbildungen und Farbtafelteil

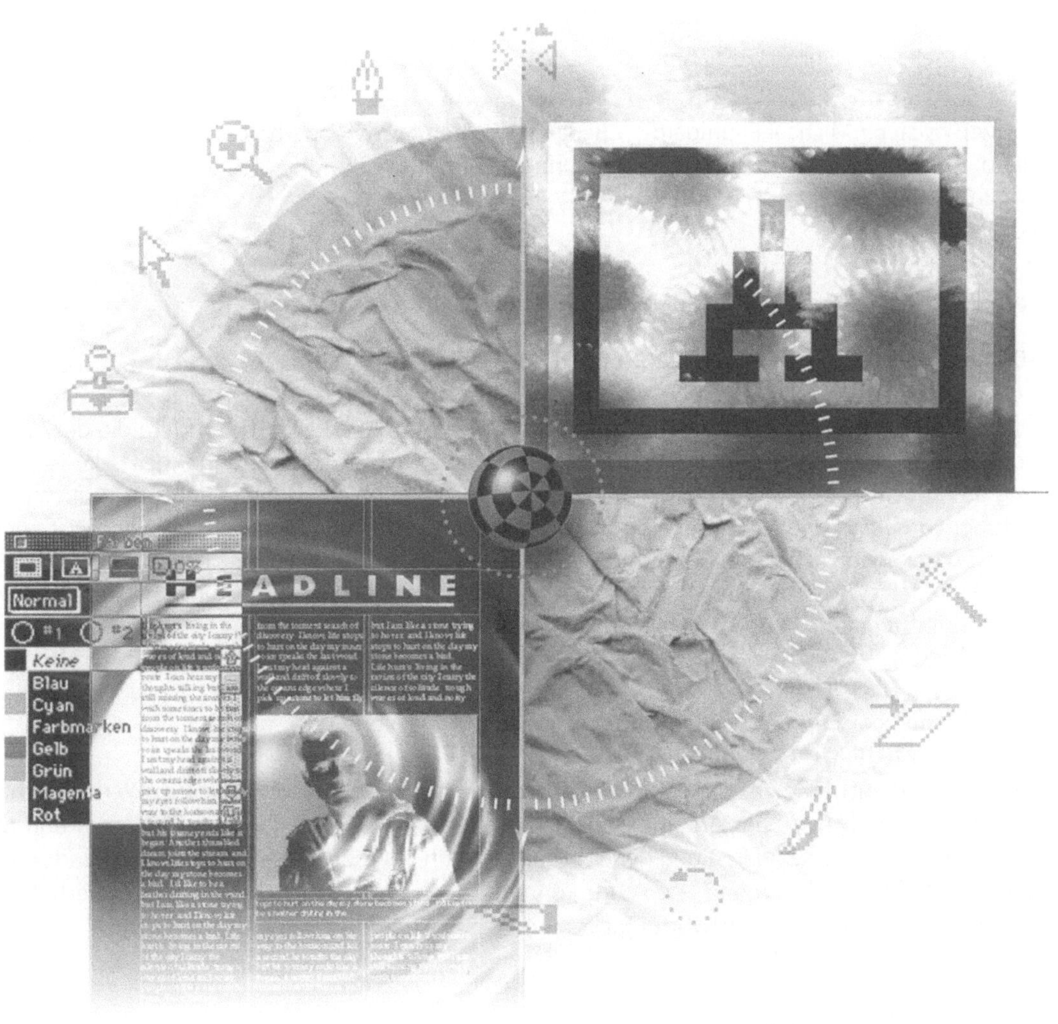

Springer

Michael Baumgardt
e-mail: 75344.3254@compuserve.com

Die Deutsche Bibliothek – CIP-Einheitsaufnahme
Kreatives DTP:
Tips und Tricks step by step / Michael Baumgardt. – Berlin; Heidelberg; New York; Barcelona; Budapest; Hongkong; London; Mailand; Paris; Santa Clara; Singapur; Tokio: Springer (Edition PAGE).
ISBN 978-3-642-64378-1
NE: Baumgardt, Michael
Buch.– 1997 CD-ROM. – 1997
Additional material to this book can be downloaded from http://extras.springer.com.

ISBN 978-3-642-64378-1 ISBN 978-3-642-60376-1 (eBook)
DOI 10.1007/978-3-642-60376-1

Ursprünglich erschienen bei Springer-Verlag Berlin Heidelberg New York 1997
Softcover reprint of the hardcover 1st edition 1997

Umschlagillustration: Michael Baumgardt
Umschlaggestaltung: Künkel + Lopka Werbeagentur, Ilvesheim
Satz: QuarkXPress-Dateien vom Autor
Belichtung: Text & Grafik, Heidelberg
Bindearbeiten: Schäffer, Grünstadt
SPIN 10518411 33/3142 – 5 4 3 2 1 0 – Gedruckt auf säurefreiem Papier

Für Vera

Euer Freund ist die Antwort auf eure Nöte.
Er ist das Feld, das ihr mit Liebe
besät und mit Dankbarkeit erntet.

Aus Khalil Gibran, „Der Prophet"

Danksagung

Es gibt nicht allzu viele Gelegenheiten, den wichtigen Menschen in seinem Leben in aller Öffentlichkeit zu danken: Ein Buch zu schreiben, ist eine davon. Ich möchte deswegen diese Möglichkeit nutzen, einer Reihe von Menschen zu danken, die stellenweise überhaupt nichts zum Entstehen dieses Buches beigetragen haben, aber deren Anteil an meinem Leben von Bedeutung ist.

Ich danke hiermit:
Meinem Vater, dessen Liebe und Glaube an mich mir die Energie geben, meine Ziele zu verfolgen.
Meiner Mutter, für ihre Bereitschaft alles zu geben, nicht nur für uns Kinder, sondern für alle Menschen.
Heike, meiner Schwester, die es nicht leicht mit mir hatte und mir trotzdem immer ihre Liebe und Zuneigung geschenkt hat.
Sabine, der Mutter meines Patenkindes Felix, für die vielen Stunden, in denen wir zusammen gelacht haben, und für das Vertrauen in mich. Ich bin so stolz, der Patenonkel Deines Kindes zu sein!
Tammi, für den Sonnenschein, den ich immer empfinde, wenn ich mit Dir zusammen bin.
Hajo, für die jahrelange musikalische Freundschaft und Entwicklung, die wir gemeinsam durchgemacht haben. Ich habe viel von Dir gelernt.
Nina, für eine der wichtigsten Erkenntnisse und Lektionen in meinem Leben.
Isabelle, für ihre Liebe und die gemeinsame Zukunft. Kann es noch gar nicht glauben ...
Albert, den ich sehr schätze und dessen beständige Unterstützung den entscheidenden Ausschlag zur Realisierung dieses Buches gegeben hat.
Paul, Tom, Gia, Michael, Sabine, Joseph und meinen ganzen anderen Freunden in München, dafür daß sie immer noch Kontakt zu mir halten, obwohl ich jetzt schon so lange in den Staaten bin.
Und natürlich danke ich auch meinen anderen Freunden, die auf der Welt verstreut sind: Anja (Hongkong), Lisa (NY), Christopher (Madrid), Steve (NY), Michael (Boston).

Und Vera, die mich auf dieses Buch gebracht hat, und ohne deren Freundschaft, Hilfe und Unterstützung ich heute nicht über DTP schreiben würde.

Vorwort

Foto: Paul Ehrenreich

Manchmal werden Ideen aus ganz unbedeutenden Ereignissen geboren: Eine befreundete Grafikerin fragte mich in der Hitze einer Heftproduktion um Rat, wie in Photoshop ein Bild graduell auszublenden sei. Es ging darum, ein Foto in ihr Layout zu integrieren, ohne die Lesbarkeit des Fließtextes zu beeinträchtigen. Wie jeder Grafiker, der Magazine gestaltet, war sie unter Zeitdruck: wenig Spielraum, um sich länger als zehn Minuten mit einem Problem zu beschäftigen.

Die Aufgabe war schnell gelöst, aber ich realisierte, daß dies eines der Hauptprobleme aller DTP-Grafiker ist: schnell und effizient eine Gestaltung in einem Layoutprogramm aufzuwerten, ohne eine Unzahl von Handbüchern zu wälzen. Egal wie sehr man QuarkXPress oder Adobe Pagemaker beherrscht: Um wirklich ausgefallene Gestaltungen zu verwirklichen, kommt man nicht daran vorbei, Elemente in anderen Programmen zu gestalten. Aber gerade der Grafiker, der am dringendsten ein Objekt benötigt oder eine Vorstellung umsetzen will, hat am wenigsten Zeit, sich mit Experimenten aufzuhalten.

Diese Arbeit soll Ihnen das vorliegende Werk abnehmen! Dabei habe ich versucht, immer den gestalterischen Aspekt und die Praxisnähe im Auge zu behalten. Was nützt der beste Trick, wenn man ihn nur einmal alle Jubeljahre einsetzen kann? Deswegen fokussiert dieses Buch hauptsächlich auf Tips & Tricks, die schnell umzusetzen und nicht zu exotisch sind.

Dieses Buch ist nicht zum Durcharbeiten gedacht. Wenn ich die Idee hinter diesem Buch in einem Satz zusammenfasse: Es ist ein Kochbuch für DTP-Grafiker. Wie ein Kochbuch soll es je nach Bedarf eingesetzt werden und als Anregung dienen. Wenn Sie also an der Gestaltung eines Magazins oder an einer Anzeige arbeiten – lassen Sie sich von den Beispielen anregen! Die Rezepte finden Sie in der Regel auf der gleichen Seite, wenige Allgemeininformationen habe ich am Anfang dieses Buches zusammengefaßt. Es werden nur minimale Grundkenntnisse in den Programmen Photoshop, Painter, Dimensions, Illustrator oder FreeHand vorausgesetzt. Lassen Sie sich also nicht abschrecken, wenn Sie nur wenig oder gar keine Kenntnisse in manchen dieser Programme besitzen. Die meisten der gezeigten Beispiele sind übrigens plattformunabhängig, sie lassen sich auf Windows-Rechnern genauso gestalten wie auf Macintosh-Systemen.

Noch ein Wort zu der Gestaltung dieses Buches: Wie bei meinen anderen Büchern auch, verfolge ich das Ziel, die Materie „so optisch" wie möglich zu präsentieren – schließlich ist dieses Buch für visuelle Menschen gedacht. Aus diesem Grund gibt es zu diesem Buch auch eine CD-ROM, auf der die Tips und Tricks als Quicktime-Movie gezeigt werden. Ich bin froh, hiermit erstmals – Dank der Zusammenarbeit des Springer-Verlages und PAGE – endlich meine langgehegte Idee, von der Verbindung eines Buches mit einer Multimedia-CD-ROM, umsetzen zu können.

Wie jeder Buchautor freue ich mich über Kritik, Kommentare und Anregungen. Wenn Sie E-Mail besitzen, senden Sie mir diese an : 75344,3254 (Compuserve) oder über das Internet (75344.3254@compuserve.com).

Ihr

Michael Baumgardt

I n

L T

Hintergründe

Tips & Tricks

Farbteil

Brückenschlag – die wichtigsten Grundlagen

Um Photoshop, Illustrator und FreeHand zusammenzubringen, ist es wichtig, die Brücken zu kennen, die zueinander führen. Eine davon ist Photoshops Fähigkeit, EPS-Grafiken, die in Illustrator erstellt wurden, in ein Bildpunkt-Format zu konvertieren.

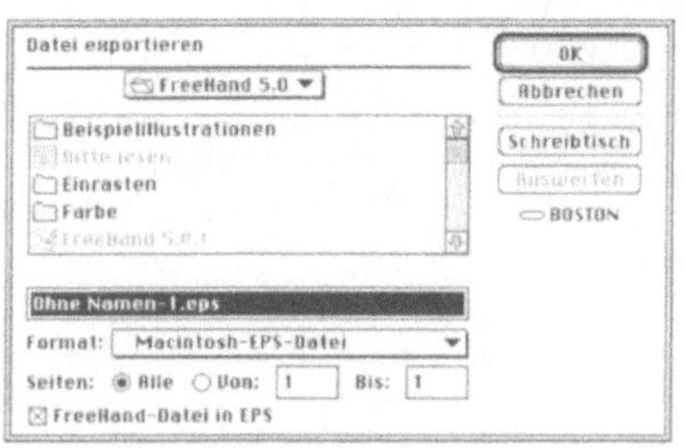

Beim Öffnen einer EPS-Grafik in Photoshop erscheint ein Konvertierungsdialog, in dem die Auflösung eingegeben werden kann.

Photoshop übernimmt dabei die Funktion eines Software RIPs (Raster Image Processors) und interpretiert die Programmiersprache Postscript fast genauso wie ein Belichter oder Ihr Laserdrucker (mit Einschränkungen wie beispielsweise, daß Musterfüllungen nicht umgesetzt werden).

Es gibt dabei nur einiges zu beachten: Arbeiten Sie mit FreeHand, muß die Grafik als Illustrator-Datei exportiert werden (Menü „Datei: Exportieren"), da Photoshop nur mit Illustrator gestaltete EPS-Dateien importiert. Ab der Version 3.0 liest Photoshop direkt Illustrator-Dateien, es genügt die Datei aus FreeHand im Illustrator 5.5 Format abzuspeichern (ist nur über den Befehl „Exportieren" möglich). Eine weitere Art, eine FreeHand-Grafik umzuwandeln, ist, diese im „PICT2"-Format zu exportieren, allerdings mit der Einschränkung, daß Farbverläufe nicht gewandelt werden.

EPS zu Pixel konvertieren

Beim Öffnen einer Illustrator-Datei in Photoshop erscheint ein Dialog in dem die Umwandlungsparameter wie Größe und Auflösung festgelegt werden. Je höher die Auflösung, desto weniger ist an Kreiskanten ein Treppeneffekt zu sehen. Die Option „Glätten" erzeugt, durch Hinzufügen von Zwischentönen, weichere Übergänge an Objektkanten und sollte immer eingeschaltet sein.

Links: Um FreeHand-EPS-Dateien in Photoshop konvertieren zu können, muß die Illustration im Illustrator-Format gespeichert sein.

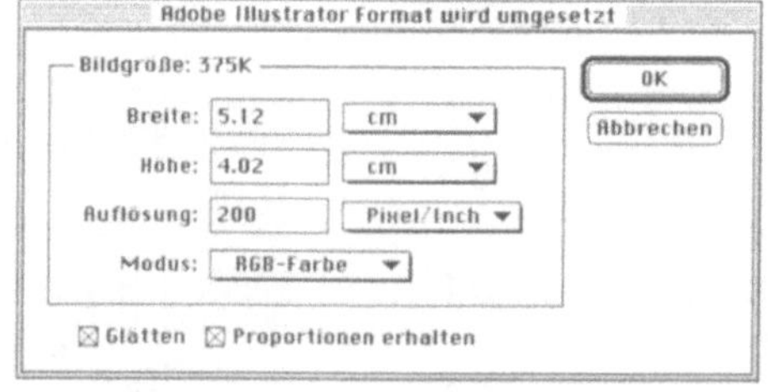

Kommt es beim Textimport in Photoshop zu Abweichungen vom Original, läßt sich dieses Problem lösen, indem der Text im Grafikprogramm in Grafikobjekte gewandelt wird. In Illustrator heißt diese Funktion „In Pfade umwandeln", FreeHand nennt diese Funktion „In Zeichenwege umwandeln". Beide Programme verwenden die in dem Postscript-Zeichensatz gespeicherten Informationen, weswegen der Postscript-Zeichensatz auf Ihrem Rechner installiert sein muß.

Für viele der gezeigten Effekte ist es sinnvoll und manchmal sogar notwendig, das zu konvertierende Element mit einer weißen Fläche zu hinterlegen. Der Grund ist einfach: Ohne die Hintergrundfläche entsprechen beim Konvertieren die Objektabmessungen exakt der Arbeitsfläche, und es muß erst die Arbeitsfläche in Photoshop vergrößert werden, bevor die Filter angewendet werden können. Durch das Hinterlegen der Elemente mit einer weißen Fläche ersparen Sie sich diesen Arbeitsschritt.

Es gibt noch einen weiteren Grund: Wenn beispielsweise ein Text nicht mit einer weißen Fläche hinterlegt ist, wird dieser beim Konvertieren mit transparentem Hintergrund angelegt. In QuarkXPress als TIFF importiert, kommt es beim Drucken und Belichten zu einem unschönen Effekt: Die Ränder des Bildes sind gezackt und ausgefranst. Dies läßt sich nur vermeiden, wenn das Bild als EPS mit Beschneidungspfad gespeichert wird – bei Text ein nicht mehr vertretbarer und zudem überflüssiger Aufwand.

Sollte es dennoch einmal nötig sein die Arbeitsfläche in Photoshop zu vergrößern, finden Sie diese Funktion im Bild-Menü („Arbeitsfläche ..."). Hier geben Sie die neue Größe der Arbeits-

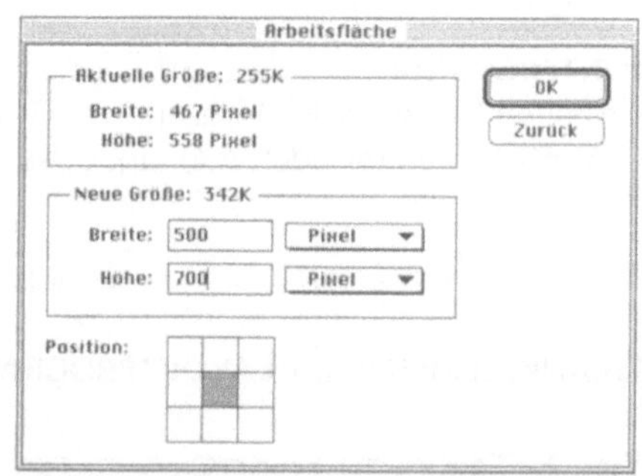

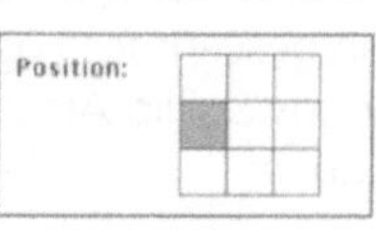

Über das „Positions-Feld" geben Sie an, wo die zusätzliche Fläche angefügt werden soll: Im Beispiel oben wird die zusätzliche Arbeitsfläche an allen vier Seiten angefügt, in dem Beispiel unten nur rechts sowie oben und unten.

fläche ein und wo die zusätzlichen Flächen angefügt werden sollen.

Pixel zu EPS

Wenn Sie nicht Adobe Streamline besitzen, dann gibt es nur sehr wenige Möglichkeiten, aus einem Pixelbild eine EPS-Grafik zu machen. Für einfachere Elemente läßt sich zu diesem Zweck Photoshop einsetzen. Sie können entweder mit dem Lasso oder dem Zauberstab einen Bereich auswählen und die Auswahl anschließend in Pfade umwandeln. Dies machen Sie über die Pfad-Palette: Im Aufklappmenü der Palette finden Sie den Befehl „Pfad erstellen". Beim Exportieren des Pfades über „Ablage: Exportieren" haben Sie noch die Wahl zwischen dem aktuellen Pfad und allen Pfaden (Option „Pfade innerhalb der Bildgrenzen").

Ein Scan von einem Logo kann über „Pfade exportieren" wieder als Vektorgrafik geladen werden.

Bildschirmkopien

Gelegentlich stellt sich das Problem, eine bereits in QuarkXPress gestaltete Seite oder Überschrift in Photoshop oder in ein Grafikprogramm zu bringen. Hier ist man in den Möglichkeiten sehr beschränkt. Geht es nur darum, eine Vorlage zu haben, um die Elemente positionsrichtig in FreeHand oder Illustrator nachzubauen, dann läßt sich eine der Macintosh-Betriebssystemfunktionen einsetzen, die den aktuellen Bildschirminhalt auf Festplatte speichert. Diese als Screen Dump bezeichnete Funktion wird beim Macintosh über Befehlstaste-Umschalttaste-3 aufgerufen. Ein Klang, der wie ein fallengelassener Computer klingt, signalisiert die Ausführung. Anschließend läßt sich das als „Bild n" gespeicherte PICT in Photoshop laden, beschneiden und in ein anderes Format konvertieren. Diese Datei wird dabei immer im Wurzelverzeichnis gespeichert oder, einfacher ausgedrückt, auf der Startfestplatte.

Für Windows-Anwender gibt es ein Hilfsprogramm, um den Bildschirminhalt zu speichern.

Windows/Macintosh

Noch ein paar Worte zu der Kompatibilität dieses Buches zwischen Windows und Macintosh. Die meisten der hier erwähnten Programme gibt es auf beiden Plattformen in identischen Versionen. Eine Ausnahme ist Adobe Illustrator, aber die meisten der hier besprochenen Tips basieren ohnehin auf den Grundfunktionen und lassen sich auch mit früheren Versionen realisieren.

Tastaturkombinationen, die im Text erwähnt werden, beziehen sich auf den Macintosh. Der Begriff „Befehlstaste" entspricht der „Command"-Taste bei Windows-Rechnern, und die „Wahltaste" entspricht der Alt-Taste.

Um Bildschirmkopien zu machen, ist das Hilfsprogramm „Capture" ideal, da sich hier bestimmen läßt, wo und in welchem Format die Datei gespeichert werden soll.

Dateien zwischen Photoshop, Illustrator und FreeHand austauschen

Fotoränder

Mit einem künstlichen Fotorand läßt sich aus den langweiligsten Bildern etwas mehr Dynamik herausholen. Die besten Möglichkeiten, einen Fotorand zu gestalten, haben Sie mit Painter, da Ihnen hier die meisten Malwerkzeuge zur Verfügung stehen. Wenn Sie häufig Fotoränder einsetzen wollen, bietet es sich an, eine Photo CD nur mit Photorändern zu kaufen, wie beispielsweise von „Auto F/X".

Fotorand in Photoshop

Wenn Sie für ein Bild in Photoshop einen Fotorand gestalten wollen, laden Sie das Bild, wählen den gesamten Bereich aus mit „Alles auswählen" und kopieren diesen in die Zwischenablage. Anschließend beim Neuanlegen einer Datei setzt Photoshop die Maße des in der Zwischenablage gespeicherten Bildes in den Dialog. Sie sparen durch diesen kleinen Trick, sich erst die Dimensionen notieren zu müssen.

Für diese neue Datei rufen Sie die Werkzeugspitzenpalette auf und definieren eine Werkzeugspitze über das Aufklappmenü in der Palette.

Mit dem Pinselwerkzeug können Sie nun mit Schwarz einen Fotorand zeichnen, wobei Sie bei angeschlossenem Grafiktablett in der Werkzeug-Optionen-Palette die Größe, Farbe und Deckkraft über die Andruckstärke regeln können. Der Modus „Sprenkeln" ist geeignet, ein „rauheres" Erscheinungsbild zu erzielen.

Anschließend laden Sie das Foto, wählen es aus und ziehen es auf die Datei mit dem Fotorand. In der Ebenenpalette erscheint das Foto als schwebende Auswahl und kann nun als neue Ebene eingesetzt werden. Über den Modus „Negativ multiplizieren" wird die Fotoebene mit dem darunterliegenden Fotorand verschmolzen. Im Gegensatz zur Ebenenmaske, hat diese Vorgehensweise den Vorteil, daß sich die Ebene mit dem Foto sehr einfach positionieren läßt (über das Ebenenwerkzeug mit den vier Pfeilspitzen) und daß Änderungen am Fotorand ohne viel Aufwand erfolgen können.

Painter

In Painter benutzen Sie die Klonen-Funktion, um Bilder mit einem Fotorand zu versehen.

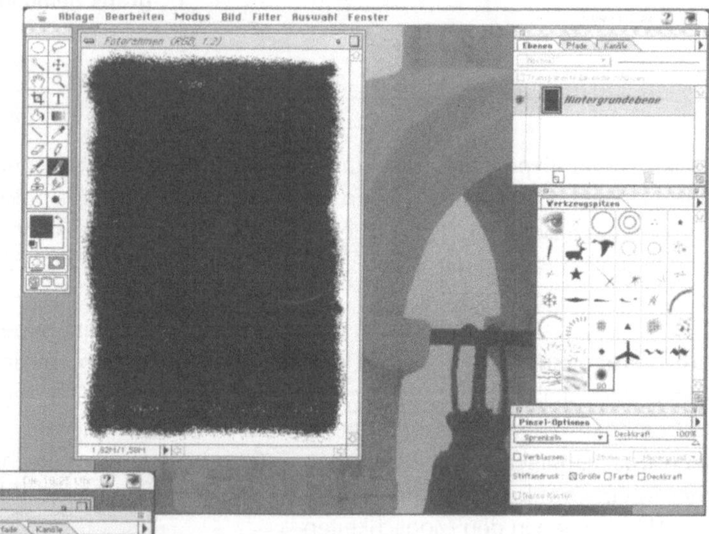

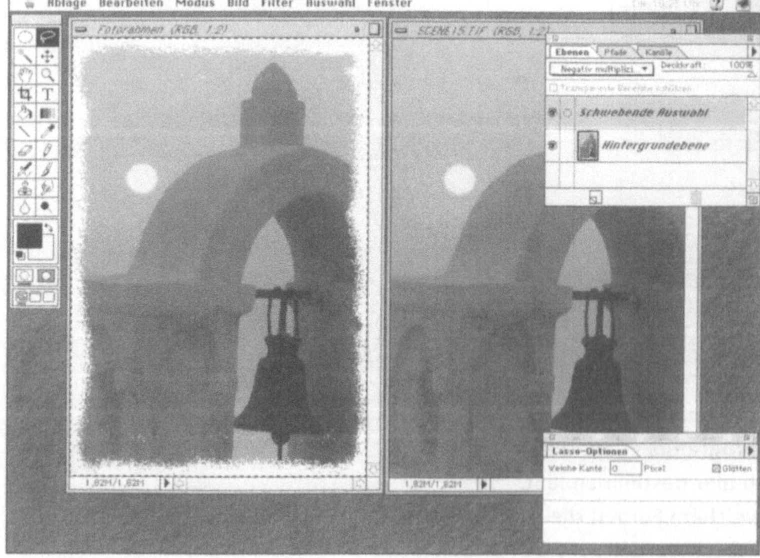

Im Modus „Sprenkeln" wurde mit dem Pinselwerkzeug eine Fläche angelegt (Bild oben) und anschließend das Foto aus einer anderen geöffneten Datei auf den Fotorand gezogen und der Modus „Negativ multiplizieren" in der Ebenenpalette gewählt (Bild links).

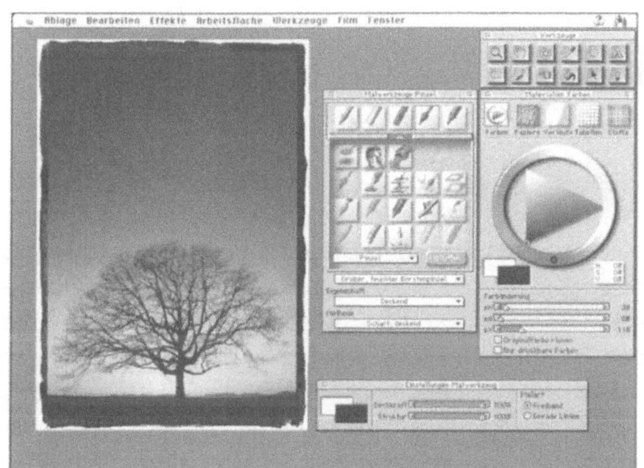

Auch eine schöne Variante eines Bildrahmens. Dazu wurde das Bild geladen und die Arbeitsfläche vergrößert, der weiße Bereich ausgewählt und mit einem Pinsel in die Auswahl gemalt.

Benötigte Software:

Photoshop oder Painter

Laden Sie ein Bild in Painter und klonen Sie dieses über „Klonen" im Ablage-Menü. Im Menü „Bearbeiten: Alles auswählen" wählen Sie das gesamte Foto aus und löschen es.

In der Malwerkzeugpalette finden Sie spezielle Klonen-Werkzeuge die beim Malen die Information aus der Originaldatei wieder in die Kopie bringen. Sie sind nicht auf die Klonen-Varianten beschränkt, da jedes der Malwerkzeuge in Painter zu einem Klonen-Werkzeug umgewandelt werden kann. Dazu wählen Sie in der Malwerkzeug-Palette unter „Eigenschaft" den Modus „Klonen". Sollte dieser Modus in der Palette nicht zu sehen sein, klicken Sie auf den rechten oberen Knopf der Palette, und diese zusätzlichen Optionen erscheinen.

Um den Effekt zu verstärken, verwenden Sie die Methode „Hart; deckend; klonen; Struktur". Hierbei wird der Pinselstrich zusätzlich mit einer Papierstruktur versehen. Die Papierstruktur muß dazu in der Materialienpalette angewählt sein.

Entweder gestalten Sie in Painter einen Fotorand, den Sie anschließend in Photoshop laden, oder Sie verwenden direkt die Klonen-Funktion in Painter. Die Bilddatei wird geladen und geklont, dann die Kopie gelöscht und in der Malwerkzeug-Palette „Klonen" eingestellt.

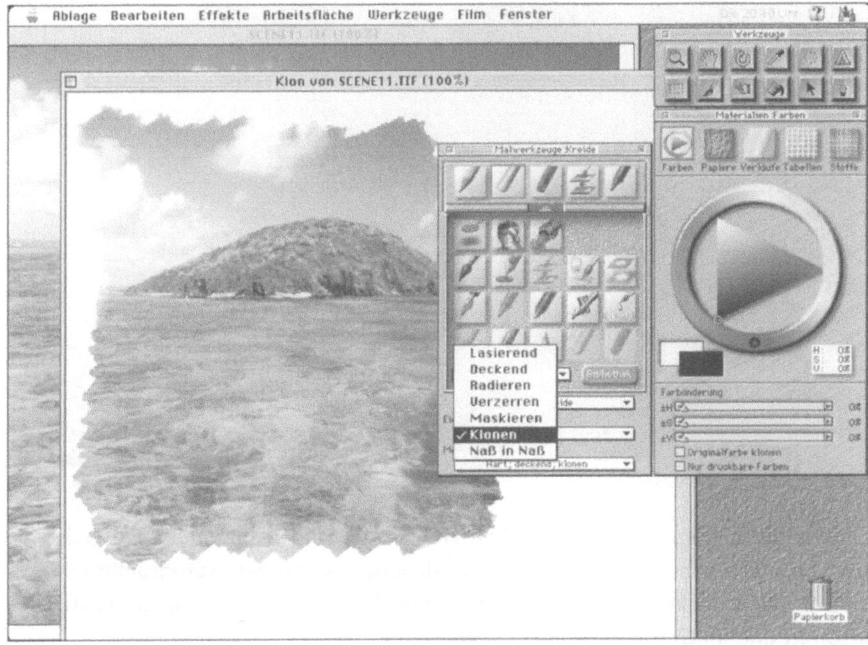

Bildrahmen

Wenn Sie nicht mehr nur auf die Bildrahmen angewiesen sein wollen, die Ihr Layoutprogramm anbietet, hier einige Tips, wie Sie in Ihrem Grafikprogramm neue Rahmen gestalten. Die hier vorgeschlagenen Tips sind alle darauf ausgelegt, daß die Bildrahmen universell eingesetzt werden können. Damit umgehen Sie, die Fotos jedesmal in einem Grafikprogramm maskieren zu müssen.

Ausgerissene Bildrahmen

In einem Grafikprogramm wurde mit dem Freihandwerkzeug eine Fläche mit einer Rißkante gezeichnet. Der Kontur geben Sie eine Linienstärke, die Sie auch standardmäßig in Ihrem Layout einsetzen (in diesem Beispiel 0,5 pt). Dabei sollte diese Kante so lang wie möglich sein, da Skalieren die Linienbreite verändert. In QuarkXPress laden Sie die Kante und plazieren diese über einen der Ränder eines Fotos. Damit der ursprüngliche Rahmen des geladenen Bildes und die Rißkante eine Einheit ergeben, ziehen Sie eine Hilfslinie an den Rand. Ist die Option „Hilfslinien magnetisch" aus dem Ansicht-Menü eingestellt, läßt sich der Bildrahmen der Rißkante mit dem Rahmen des Fotos deckungsgleich bringen, ohne in die Vergrößerung gehen zu müssen.

Hier eine Variante, mit der die Rißkante noch realistischer wirkt: Scannen Sie eine Papierstruktur (eventuell sogar eine richtige Rißkante) und maskieren Sie diese in einem Grafikprogramm. Eine Seite dieser Rißkante muß noch mit einer weißen Fläche unterlegt werden, um die restlichen Bereiche des Fotos abzudecken. Später in QuarkXPress rotieren Sie die Rißkante je nach Bedarf. Anstatt aber den kompletten Rahmen zu rotieren, ändern Sie den Winkel für den Rahmeninhalt. Dies machen Sie über das Einfüge-Werkzeug durch Klicken in ein Bild mit dem Einfüge-Werkzeug. In der Maßpalette erscheint rechts außen ein zweiter Winkelwert für den Rahmeninhalt.

Bildrahmen mit Schlagschatten

Es lassen sich auch kompliziertere Bildrahmen entwickeln, die beispielsweise bereits mit einem Schlagschatten versehen sind. In der Abbildung mit dem gezackten Bildrahmen wurde der Pfad des Bildrahmens parallel nach innen versetzt und beide Rahmen ineinander überblendet, um den Schatten zu gestalten. Der Schatten muß anschließend maskiert werden: Dazu zeichnen Sie einen Rahmen um den Bildrahmen und verbinden beide Pfade. Dieses Objekt dient nun als Maske für den Schatten. In QuarkXPress geladen, variieren Sie die Bildrahmenbreite durch Kopieren des Rahmens. Damit die Schatten nahtlos ineinander übergehen, verschieben Sie den zweiten Schatten numerisch über die Maßpalette.

FreeHand: Um den Schatten zu gestalten, wird der Bildrahmen kopiert und ein paralleler Pfad dazu gezeichnet. In FreeHand verwenden Sie dazu das Xtra: „Zeichenweg bearbeiten: Numerisch skalieren". Der Schatten wird nun durch Überblenden dieser beiden Pfade erzielt: Wichtig ist dabei, daß beide Objekte die gleiche Anzahl von Pfadpunkten haben, da ansonsten

Für den Bildrahmen mit Rißkante oben wurde eine Fläche mit einer entsprechenden Kante in einem Grafikprogramm gezeichnet und im Layoutprogramm plaziert. Um den Effekt noch realistischer zu gestalten, wurde eine Papierstruktur gescannt und im Grafikprogramm maskiert.

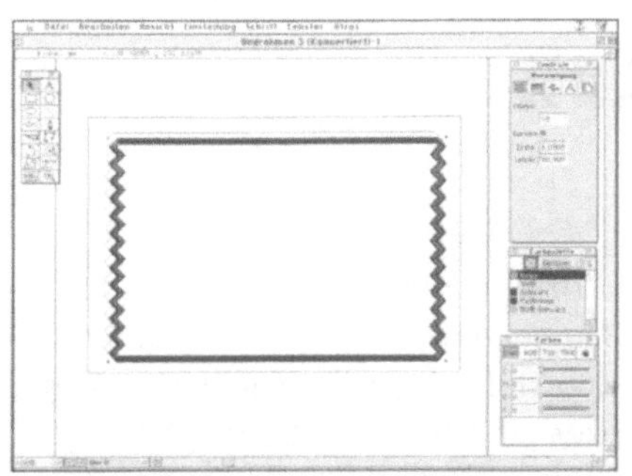

Der Pfad des Bildrahmens wurde für den Schatten negativ verschoben, um anschließend Original und Kopie ineinander überzublenden. Der dadurch entstandene Schatten wird maskiert.

In QuarkXPress wurde das Bild geladen und der Bildrahmen auf das Foto plaziert.

Benötigte Software:

FreeHand oder Illustrator

Die Breite des Bildrahmens kann angepaßt werden, indem eine Kopie des Bildrahmens horizontal verschoben wird. Damit der Rahmen deckungsgleich ist, muß über die Maßpalette positioniert werden.

Der Bildrahmen läßt sich gruppieren und in der Bibliothek von QuarkXPress zur weiteren Verwendung speichern.

die Objekte nicht gleichmäßig ineinander überblendet werden.

Um die Maske für den Schatten zu erstellen, ziehen Sie ein Rechteck um eine Kopie des Bildrahmens, wählen beide aus und rufen die Funktion „Einstellung: Objekte verbinden" auf. Anschließend schneiden Sie den Schatten aus, wählen die Maske an und fügen die Zwischenablage innen ein („Innen einfügen"; Bearbeiten-Menü).

Illustrator: Den Schatten gestalten Sie durch negatives Verschieben des Bildrahmen-Pfades (Menü „Filter: Objekte: Pfad verschieben"). Überlappungen des verschobenen Pfades löschen Sie durch Anwenden des Filters „Pathfinder: Vereinen" und Anwählen der überflüssigen Elemente mit dem Einzelauswahl-Werkzeug. Die beiden Pfade überblenden Sie mit dem Angleichen-Werkzeug. Die Maske wird durch Zeichnen eines Rechtecks um eine Kopie des Bildrahmens und den Befehl „Verknüpfte Pfade erstellen" (im Menü „Objekt") gestaltet.

Der Schatten muß unter der Maske liegen, bevor Sie „Objekt: Masken: erstellen" aufrufen.

Transparente Flächen

Fast immer, wenn Fließtext auf einem Foto plaziert werden soll, stellt sich das Problem der Lesbarkeit. Dies läßt sich über partielles Aufhellen des Bildes lösen. Der Effekt wirkt auf den Betrachter wie eine transparente Fläche, die auf dem Bild liegt. Hier einige Lösungsvorschläge.

Photoshop

Laden Sie das Bild in Photoshop und wählen Sie mit dem Auswahlwerkzeug den Bereich, den Sie aufhellen wollen. Über das Menü „Bild: Einstellen: Tonwertkorrektur" erscheint ein Dialog, in dem Sie den Tonwertumfang des Bildes regeln können. Ziehen Sie den linken Regler (für den Dunkelbereich) in Richtung Mitte, um das Foto aufzuhellen.

Soll die transparente Fläche eine Farbe erhalten, bietet sich folgender Lösungsweg an (er hat den Vorteil, daß sich leichter Änderungen vornehmen lassen, weswegen dies eventuell auch für eine weiße transparente Fläche sinnvoll sein kann): Legen Sie in der Ebenenpalette eine neue Ebene an. Auf dieser ziehen Sie mit dem Auswahlwerkzeug einen Rahmen und wählen die gewünschte Vordergrundfarbe. Über „Fläche füllen" im Bearbeiten-Menü können Sie die Farbfläche (mit Transparenz) anlegen. Über das Ebenenwerkzeug läßt sich anschließend die Position noch ändern.

Transparente Flächen in QuarkXPress

Eine Fläche direkt in Photoshop aufzuhellen ist zwar naheliegend, aber auf der anderen Seite auch unpraktisch: Man ist äußerst unflexibel in der Gestaltung. Jede Änderung in QuarkXPress zieht eine Korrektur in Photoshop nach sich. In der Regel entsteht das Design aber interaktiv im Layoutprogramm. Hier also ein paar Lösungswege für QuarkXPress.

Graustufenscan: Ein Graustufenscan kann direkt in QuarkXPress eingefärbt werden (Menü „Stil: Farbe". Das Bild muß mit der Einfügemarke aktiviert sein). Dieser Umstand läßt sich für viele Bereiche kreativ nutzen, beispielsweise um Strukturscans farblich an die Gestaltung anzupassen. Im Prinzip genügt es, der Kopie eines Bildrahmens (mit einer eingefärbten Graustufenstruktur) eine andere Farbe bzw. Rasterwert zuzuordnen und beide Rahmen deckungsgleich zu machen. Dies ist nicht schwer, wenn Sie die Position numerisch in der Maßpalette eingeben (die linken X- und Y-Werte der Palette repräsentieren die Position des Bildrahmens). Sind beide Rahmen deckungsgleich, kann über das Inhalt-Werkzeug der Rahmen an den Anfasserpunkten verzogen werden, ohne den Inhalt zu verschieben.

Eine weitere Möglichkeit, einen Graustufenscan aufzuhellen, ist, den Rasterwert zu ändern. Dazu wählen Sie mit dem Inhalt-Werkzeug den Bildrahmen an und rufen die Funktion „Anderer Kontrast" (Menü „Stil") auf. In dem erscheinenden Dialog zeichnen Sie eine flache Gradationskurve mit einem der Zeichen-Werkzeuge. Am besten verwenden Sie eine Kombination aus einer Farbe und einem anderen Kontrast, um den Effekt einer transparenten Fläche zu simulieren, vorausgesetzt, Sie gestalten in Farbe.

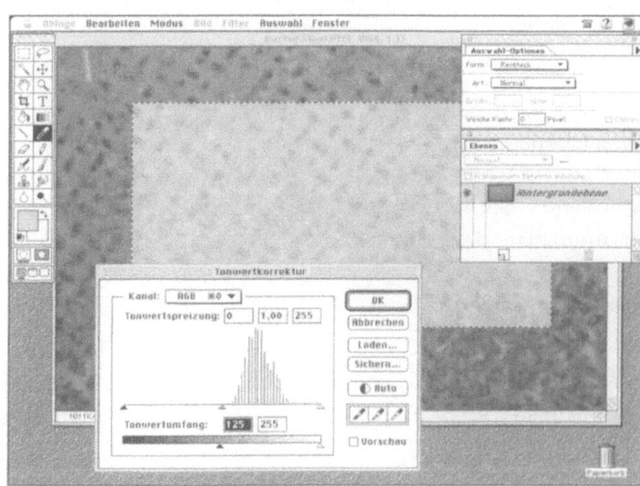

In der Tonwertkorrektur von Photoshop läßt sich durch Reduzieren des Tonwertumfanges ein Transparenzeffekt erzielen.

Über die Ebenenpalette in Photoshop läßt sich eine transparente Fläche gestalten, die über das Ebenenwerkzeug frei positionierbar ist.

Farbscan: Um einen Farbscan direkt in QuarkXPress mit einer transparenten Fläche zu versehen, erstellen Sie in Photoshop eine Fläche zwischen 50% und 70% Grau. Diese Fläche wandeln Sie in den Bitmap-Modus um. Wichtig: Die Graufläche muß mit dem Modus „Diffusion Dither" umgewandelt werden. Da eine gleichmäßige Fläche gewünscht ist, wäre es zwar naheliegend, den Modus „Pattern Dither" zu verwenden, aber bei der Ausgabe auf einem Belichter entstehen dadurch Moirés. Dies ist beim Modus „Diffusion Dither" nicht der Fall.

Ein weiterer Punkt ist die korrekte Auflösung der Dither-Fläche. Optimal wäre die halbe Belichtungsauflösung (beispielsweise 1200 dpi bei einer Belichtung mit 2400 dpi). Je nach Größe der Fläche entstehen dadurch riesige und unhandliche Dateien. Alternativ verwenden Sie eine Auflösung von 1/4 der Belichtungsauflösung (beispielsweise 600 dpi bei 2400 dpi Ausgabe) – dies ist ein vertretbarer Kompromiß.

Anschließend plazieren Sie die Fläche auf eine Bilddatei in QuarkXPress und wählen für den Rahmeninhalt die Farbe Weiß. Eine 70%ige Ditherfläche ergibt eine 30%ige Transparentfläche, da alle Pixel, die zuvor schwarz waren, nun beim Belichten das darunterliegende Bild abdecken und nur noch 30% der Farbe durchlassen. (Die Bildschirmdarstellung in QuarkXPress ist zu grob, um dies darzustellen. Sie sehen nur eine weiße Fläche, was normal ist.)

Ein Nachteil der oberen Methode ist die fehlende visuelle Kontrolle über das Endergebnis. Man ist auf einen Andruck oder das endgültige Ergebnis angewiesen. Hier ein Weg, um dies zu umgehen: Erstellen Sie eine aufgehellte Variante des Originalbildes in Photoshop (über den Tonwertumfang in der Tonwertkorrektur; Menü „Bild: Einstellen") und laden diese in QuarkXPress in eine Kopie des Originalbildrahmens. Wenn Sie beide über die Maßpalette deckungsgleich gemacht haben, verziehen Sie mit dem Inhalt-Werkzeug den Rahmen des aufgehellten Fotos (an den Anfasserpunkten). Nachteil dieser Methode ist, daß Sie zwei Fotos zum Belichter senden müssen.

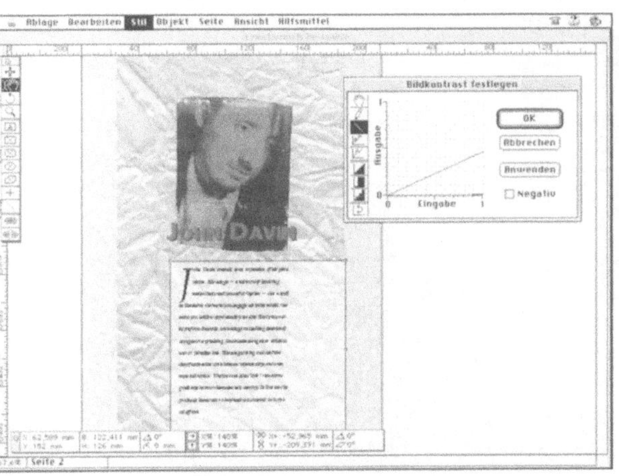

Ein Graustufenscan kann direkt in QuarkXPress in seinem Kontrast geregelt werden. Dies läßt sich für einen Transparenzeffekt nutzen.

BENÖTIGTE SOFTWARE:

PHOTOSHOP UND QUARKXPRESS

ILLUSTRATOR/FREEHAND

Transparente Flächen lassen sich in Grafikprogrammen nur für Illustrationen erstellen. In beiden Programmen wird dies über einen Filter bzw. Xtra gelöst, der die Farbe aufhellt. Anschließend wird die aufgehellte Illustration maskiert.

Illustrator: Die Illustration darf keine Flächen mit Farbverläufen enthalten, da hier der Filter keine Wirkung zeigt. Dies läßt sich lösen, indem Sie die Illustration im Format 3.0 abspeichern, da hier alle Verläufe um-

Benötigte Software:

FreeHand oder Illustrator

gewandelt werden. Kopieren Sie die Illustration in die Zwischenablage, und zeichnen Sie die Umrisse (Maske) der transparenten Fläche. Setzen Sie die Kopie aus der Zwischenablage hinter der Maske ein und wenden Sie den Filter „Farben: Sättigung (stark) verringern" an, bis die gewünschte Transparenz erreicht ist. Wählen Sie Illustration und Maske aus und wählen „Masken: Erstellen" im Objekt-Menü.

FreeHand: Gruppieren Sie die Illustration, kopieren Sie diese in die Zwischenablage, und setzen Sie die Kopie über „Bearbeiten: Hinten einfügen" wieder ein. Wählen Sie die vordere Illustration an, und hellen Sie sie über „Farben: Farben aufhellen" im Xtra-Menü auf. Anschließend zeichnen Sie die Kontur für die transparente Fläche, schneiden die aufgehellte Illustration aus und setzen diese in die Kontur ein (Menü „Bearbeiten: Innen einfügen").

Eine andere Möglichkeit bietet das Xtra „Transparenz" (Menü „Xtras: Zeichenweg bearbeiten"): Diese Funktion ist aber sehr eingeschränkt und arbeitet nur im Zusammenhang mit Flächen.

Die Vorgehensweise von Illustrator und FreeHand ist fast identisch: Eine Kopie der Illustration wird über einen Filter bzw. Xtra in der Farbigkeit aufgehellt und anschließend ...

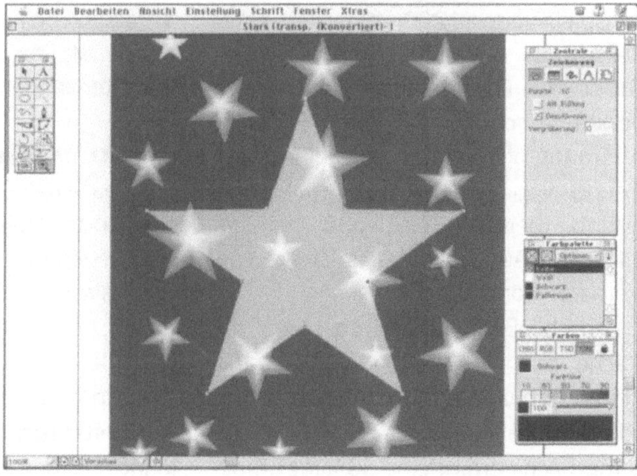

... in die Kontur der Transparenzfläche eingesetzt (in FreeHand) bzw. hinter der Kontur plaziert und maskiert (in Illustrator).

Fotoüberblendungen

Benötigte Software:

Photoshop

Eine Collage in Photoshop zu erstellen ist denkbar einfach: Öffnen Sie zwei Fotos in Photoshop. Durch Auswählen einer Bilddatei („Alles auswählen") und Ziehen auf die Zieldatei erscheint das Bild als schwebende Auswahl in der Ebenenpalette (wenn nötig, vergrößern Sie vor dem Verschieben die Arbeitsfläche der Zieldatei über „Bild: Arbeitsfläche ...", indem Sie die neuen Maße eingeben). Welche Bereiche einer Ebene sichtbar sind, kann über eine Ebenenmaske definiert werden, nachdem Sie die „Schwebende Auswahl" als Ebene eingesetzt haben. Dazu wählen Sie die gewünschte Ebene an und rufen die Funktion „Ebenenmaske" aus dem Paletten-Aufklappmenü auf.

Zum Überblenden zweier Fotos zeichnen Sie in die Ebenenmaske einen Farbverlauf mit dem Verlaufswerkzeug (die Ebenenmaske muß dazu angewählt sein). Durch Doppelklick auf das Verlaufswerkzeug öffnet sich die dazugehörige Palette, um zwischen den Verlaufsmodi zu wählen.

Wenn ein ungleichmäßiger Übergang gestaltet werden soll, verwenden Sie das Pinsel-Werkzeug. In den Pinsel-Optionen wählen Sie den Modus „Normal" und eine 50%ige Deckkraft.

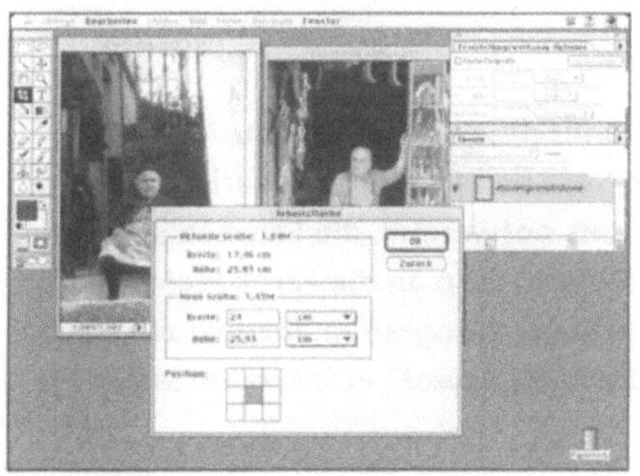

Für eine Collage wurden die beiden Bilder geöffnet und in der Zieldatei die Arbeitsfläche vergrößert.

Durch Ziehen auf ein anderes Fenster erscheint das kopierte Bild als schwebende Ebene in der Ebenenpalette.

Links: Beide Ebenen werden über einen Verlauf überblendet. Rechts: Der Übergang wurde mit dem Pinsel-Werkzeug angepaßt.

Duplex, Triplex & Quadruplex

Dieses Verfahren wertet S/W-Fotos enorm auf und ist ideal für Drucksachen mit einer Sonderfarbe. Dabei wird die Information des Schwarzanteils zusätzlich mit der Sonderfarbe gedruckt. Abhängig von der Farbe erhält das Foto einen warmen oder kühlen Charakter und zudem mehr Tiefe.

Beim Belichten wird die Bildinformation aus dem Schwarz-Kanal zusätzlich auf weiteren Farbauszügen ausgegeben. Der Vorteil dabei: Obwohl beim Belichten mehrere Farbauszüge herauskommen, besteht die Datei nach wie vor nur aus dem Schwarz-Kanal. Alle anderen Informationen werden beim Separieren aus diesem Kanal heraus generiert, wobei das Verhältnis von Schwarz zu den anderen Farben über Gradationskurven bestimmt wird.

Die Namensgebung steht für die Anzahl der Farben die zum Einsatz kommen: Duplex (2), Triplex (3) und Quadruplex (4).

Um nun ein Quadruplex-Bild zu gestalten, laden Sie das Foto in Photoshop und wandeln den Modus auf Duplex um (Menü „Modus"). In dem erscheinenden Dialog wählen Sie über das Aufklappmenü die gewünschte Variante. Im Photoshop-Ordner befindet sich im Ordner „Zugaben" ein Unterordner „Duplex-Kurven", der bereits eine Vielzahl von Standardeinstellungen enthält. Diese sind eine gute Ausgangsbasis für eigene Experimente. Importieren Sie diese Kurven über den „Laden"-Knopf in den „Duplex-Optionen". Zum Anpassen der Kurven klicken Sie auf die Kurvengrafik und ein Dialog mit der Gradationskurve erscheint. Hier geben Sie die Kurve entweder manuell oder numerisch ein. Damit die Duplex-Informationen mitgespeichert werden, ist es wichtig, das Bild als EPS zu sichern.

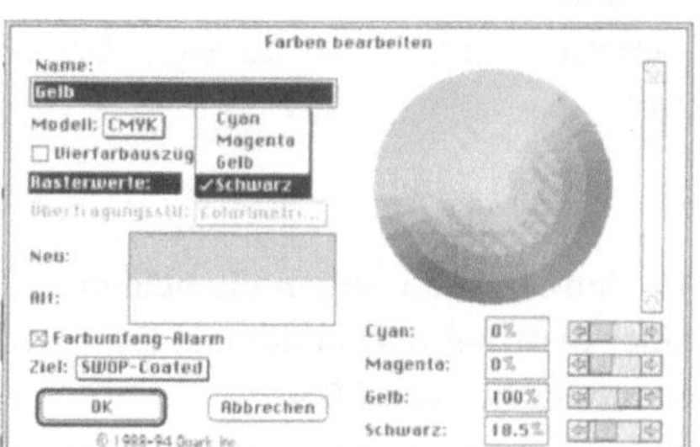

Damit die Farbauszüge aus QuarkXPress heraus richtig separiert werden, ist es notwendig, die Farbbezeichnung in Photoshop an die Farbbezeichnung im Layoutprogramm anzupassen (links: die Farbauswahl in QuarkXPress).

Setzen Sie in die Textfelder die richtige Farbbezeichnung ein.

Testen Sie vor dem Belichten auf einem Laserdrucker, ob die Farbauszüge richtig herauskommen.

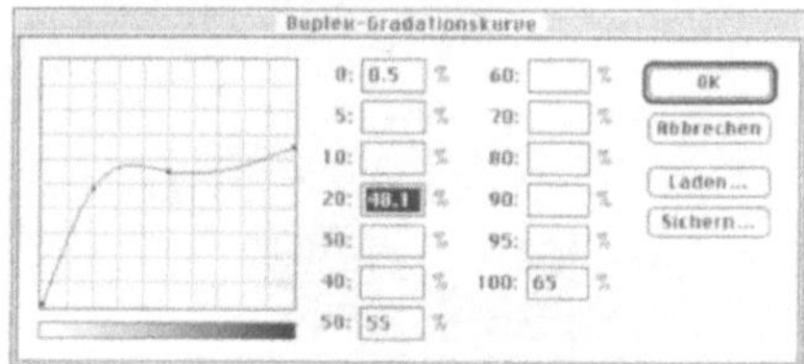

Wenn die Auszüge nicht richtig separiert werden, liegt das daran, daß die Farbbezeichnungen in ihrem Layoutprogramm nicht mit den Farbbezeichnungen von Photoshop übereinstimmen. Beim Belichten kann die Software die Kanal-Informationen im EPS nicht den richtigen Farbauszügen zuordnen, weswegen diese als schwarze oder weiße Fläche herauskommen.

Falls Sie QuarkXPress-Anwender sind, müssen Sie die Farben umbenennen. Die Farbauszüge in QuarkXPress heißen „Cyan, Magenta, Gelb & Schwarz", während Photoshop statt „Gelb & Schwarz" die Bezeichnungen „Yellow & Black" verwendet. Ändern

Sie also in den Duplex-Optionen die Farbbezeichnungen entsprechend, bevor Sie die Datei als EPS speichern.

Noch ein Tip zum Schluß: Diese Technik eignet sich auch, um ein Graustufenbild einzufärben. Um die Farben permanent zu machen, wechseln Sie einfach auf den RGB- oder CMYK-Modus. Die Informationen des Graustufenbildes werden entsprechend den Gradationskurven in die anderen Kanäle übertragen.

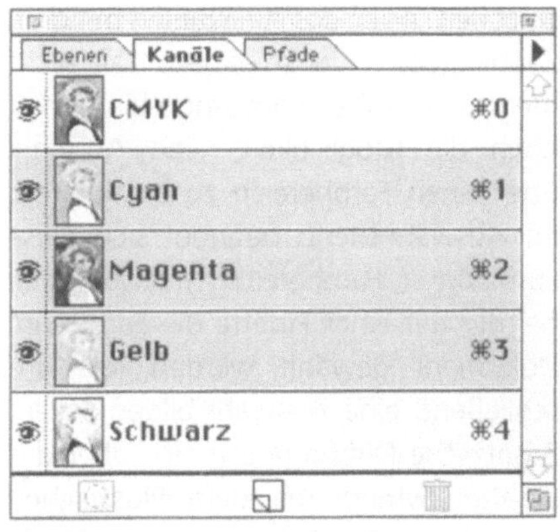

So sieht die Kanalpalette in Photoshop aus, nachdem das Quadruplex in den CMYK-Modus umgewandelt wurde. Dies läßt sich nutzen, um beispielsweise ein SW-Foto einzufärben (alternativ zu der „Farbvariation"-Funktion).

Papierstrukturen

Haben Sie jemals ihre Gestaltung mit einem Scan von einer Papierstruktur unterlegen wollen? Dabei stößt man immer auf zwei Schwierigkeiten: einerseits die Papierstruktur in der gewünschten Farbe zu finden und andererseits, der enorme Speicherbedarf eines DIN A4 Scans im CMYK-Modus. Das Duplex-, Triplex- und Quadruplex-Verfahren ist nicht nur ideal, um Fotos einzufärben, sondern eignet sich auch hervorragend, um Papier-Hintergründe einzufärben. Der Vorteil ist offensichtlich: Mit nur einem Graustufenscan lassen sich unendlich viele Farbvariationen zaubern, bei gleichzeitig moderatem Speicherbedarf. Die Resultate sind in der Tat verblüffend, speziell bei Papiersorten, die deutlich sichtbare Fasern enthalten. Experimentieren Sie dabei mit den Gradationskurven, um Fasern mit unterschiedlicher Farbigkeit zu erzielen.

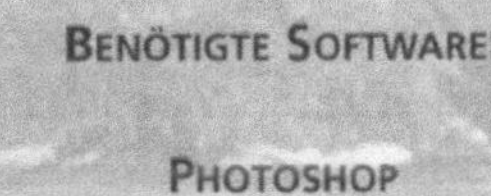
Benötigte Software:

Photoshop

Das Duplex-Verfahren ist ideal, um Papierstrukturen einzufärben, die ganzseitig unter dem Layout liegen sollen. Dadurch reduziert sich der Speicherbedarf drastisch.

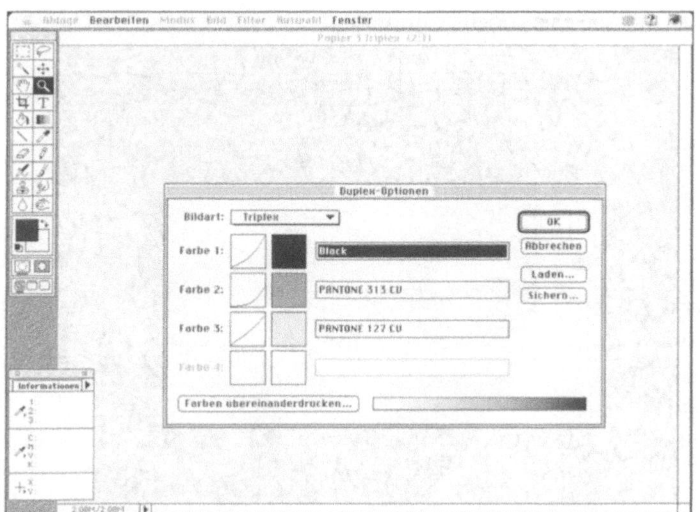

Freistellen

Wenn der Hintergrund eines Fotos nicht interessant genug oder eventuell sogar störend ist, bietet es sich an, das Objekt freizustellen. Damit die Objekte später in QuarkXPress auf beliebigem Untergrund plazierbar sind, müssen diese mit einem Beschneidungspfad gesichert werden.

Freistellen mit Beschneidungspfad

Laden Sie das Foto in Photoshop, und öffnen Sie die Pfadpalette. Die Werkzeuge sind identisch in Funktion und Bedienung mit den Grafikwerkzeugen in Illustrator. Wie im Beispiel mit der Maske zu sehen, schließt dies auch die beiden Augenschlitze mit ein. Damit der Beschneidungspfad aus allen drei Pfaden gebildet wird, müssen alle drei Pfade aktiviert sein. Dazu wählen Sie mit dem Auswahlpfeil alle Punkte aus. Der einfachste Weg ist, bei gehaltener Wahltaste einen Auswahlrahmen zu ziehen, wobei dieser nur teilweise über den Pfaden liegen muß (die Wahltaste bewirkt, daß alle Punkte aktiviert werden). Über das Aufklappmenü der Palette sichern Sie erst den Pfad und wählen dann die Funktion „Beschneidungspfad". Das Bild muß später als EPS-Datei gespeichert werden, um die Information des Beschneidungspfads mitzusichern. In den EPS-Optionen läßt sich nochmal der Beschneidungspfad bestimmen. In einem Layoutprogramm geladen, sind die Bereiche außerhalb des Beschneidungspfades durchsichtig.

Objektschatten: Wenn Sie die Arbeit auf sich genommen haben, ein Objekt über die Pfade freizustellen, kann es reizvoll sein, dieses mit einem perspektivischen Objektschatten zu versehen. Kopieren Sie dazu erst die Ebene in der Ebenenpalette. Wählen Sie die untere Ebene an, und wandeln Sie den Pfad in eine Auswahl („Auswahl erstellen" in der Pfadpalette). Über „Effekte: Verzerren" im Bild-Menü verziehen Sie die Auswahl perspektivisch. In die noch aktivierte Auswahl ziehen Sie mit dem Verlaufswerkzeug einen Verlauf ein. Für die ursprüngliche Ebene müssen Sie noch eine Ebenenmaske definieren, damit diese nicht die darunterliegende Schattenebene verdeckt.

Komplexe Objekte

Nicht alle Objekte, die freigestellt werden sollen, sind so einfach zu bearbeiten wie die Maske. Bei einem Baum ist es beispielsweise unmöglich, die feinen Verästelungen mit einem Pfad nachzuzeichnen. Auch das Auswählen mit dem Zauberstab ist in so einem Fall nicht mehr praktikabel. Photoshop bietet hier noch die Möglichkeit, eine Auswahl über einen Farbbereich zu bestimmen. Im Auswahl-Menü befindet sich diese Funktion („Farbbereich auswählen"), bei der mit einer Pipette die Farben im Dokument gewählt werden, die anschließend eine Auswahl bilden sollen. Zusätzliche Farben lassen sich über das Pipetten-Symbol mit dem Pluszeichen hinzufügen. Der Toleranz-Regler ist die zweite Möglichkeit, den Farbbereich zu erweitern. Aber so hilfreich diese Funktion ist, sie versagt, wenn die Farben des Objektes und des Hintergrundes sehr ähnlich sind. Dies ist zum Beispiel der Fall, wenn die feinen Äste des Baumes in der Abbildung die gleiche Far-

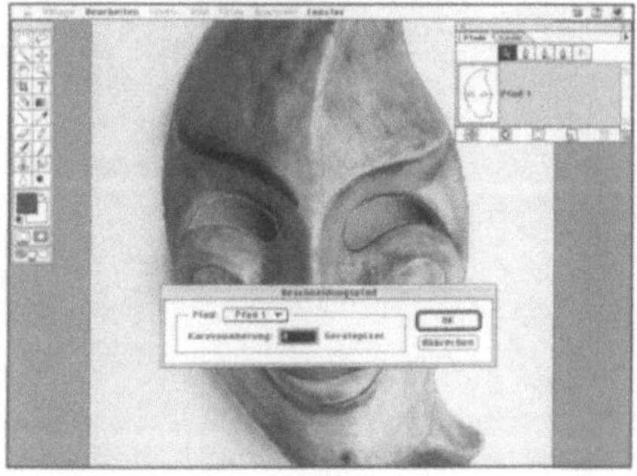

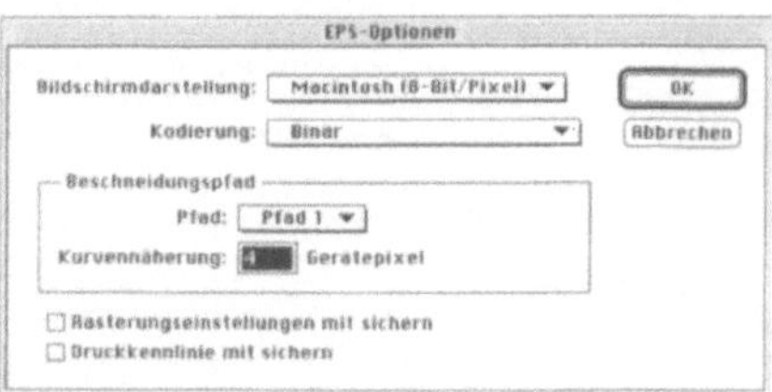

Über das Pfad-Werkzeug werden die Umrisse des Objektes nachgezeichnet und anschließend als Beschneidungspfad definiert.

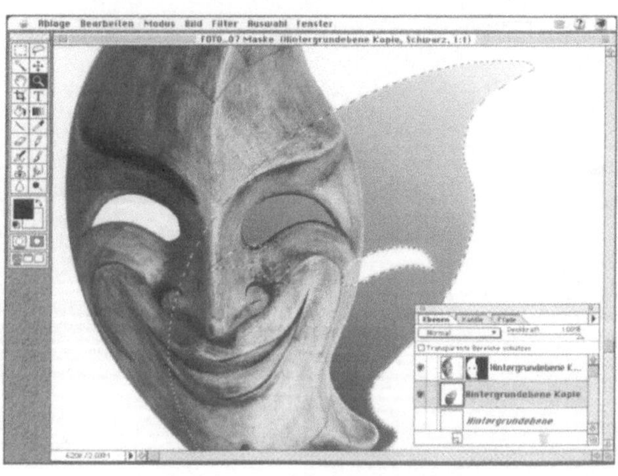

Aus den Umrissen eines Objektes läßt sich auch schnell ein Schatten gestalten.

bigkeit wie der Sonnenuntergangshimmel haben. Den Kontrast zu erhöhen ist keine Lösung, da jede Farbverfremdung vermieden werden soll. In so einem verzwickten Fall bietet es sich an, das Objekt mit sich selber zu maskieren. Dazu wird über die Ebenenpalette eine Ebenenmaske hinzugefügt. Die Maske gestalten Sie in einer Kopie der Datei, da diese zum Schluß in den Graustufen-Modus gewandelt wird. Da eine einfache Wandlung die Farben in Grautöne übersetzt, muß erst gezielt die Farbe entfernt werden. – Im Fall des Baumes wurde dazu im Dialog „Farbton/Sättigung" für die Gelb- und Magenta-Töne die LAB-Helligkeit heraufgesetzt. Mit dem Zauberstab sind die verbleibenden Reste des Himmels ausgewählt und gelöscht worden, bevor über „Helligkeit/Kontrast" das Astwerk des Baumes herausgearbeitet und in den Graustufen-Modus gewandelt wurde. – Die Datei kopieren Sie in die Zwischenablage und setzen diese in die Ebenenmaske der Farb-Datei ein (eventuell muß die Maske noch über Befehlstaste-I invertiert werden).

Eine weitere hilfreiche Funktion bei einer schwierigen Auswahl ist, die Auswahl schrittweise zu erweitern. Beim Speichern einer Auswahl genügt es, den Zielkanal anzugeben und die Option „Zum Kanal hinzufügen" auszuwählen.

Der Baum wurde freigestellt über eine Ebenenmaske. Damit lassen sich in manchen Fällen auch Objekte freistellen, bei denen die anderen Funktionen versagen.

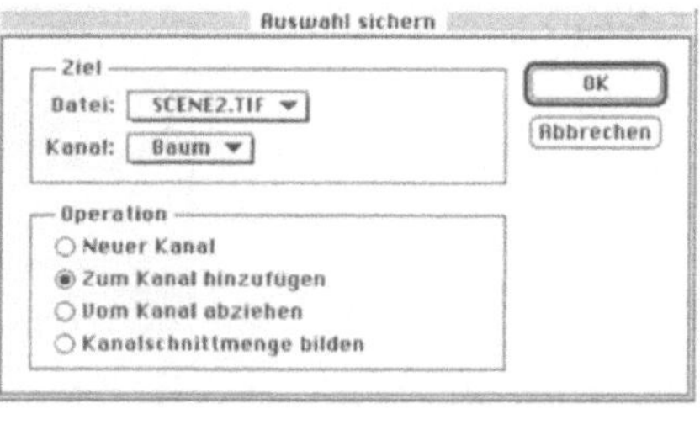

Benötigte Software:

Photoshop

Bewegungswischer

Schlagschatten, um einem Layout mehr Räumlichkeit zu geben, sind inzwischen immer häufiger anzutreffen. Warum also nicht auch einmal einer Überschrift mehr Dynamik geben durch einen Bewegungswischer?

Bewegungswischer in Photoshop

Für diesen Effekt gibt es in Photoshop einen eigenen Filter (Menü „Filter: Weichzeichnungsfilter: Bewegungsunschärfe"). Der Filter generiert einen Bewegungswischer in beide Richtun-

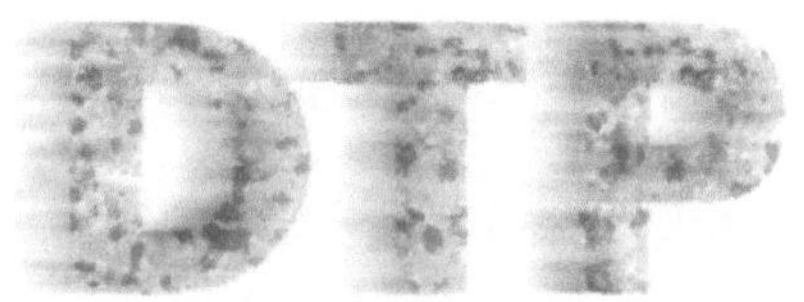

gen, als ob das Objekt hin und her vibriert. Um einen Bewegungswischer in nur eine Richtung zu haben, verdecken Sie die eine Seite des Wischers mit einer Kopie des Schriftzuges. Die schnellste Variante ist, den Schriftzug über die Zwischenablage zu kopieren, den Filter auf den Schriftzug anzuwenden und danach den unveränderten Schriftzug aus der Zwischenablage einzusetzen, zu verschieben und die Deckkraft auf 50% zu setzen.

Wenn Sie die Auswahl aufheben, ist die Komposition permanent. Um später noch Änderungen vornehmen zu können, setzen Sie die schwebende Auswahl vor dem Aufheben der Auswahl als Ebene ein. Dazu klicken Sie in der Ebenenpalette auf das „neue Ebene"-Symbol (links unten).

Über das Aufklappmenü der Ebenenpalette wird die Ebene dupliziert ...

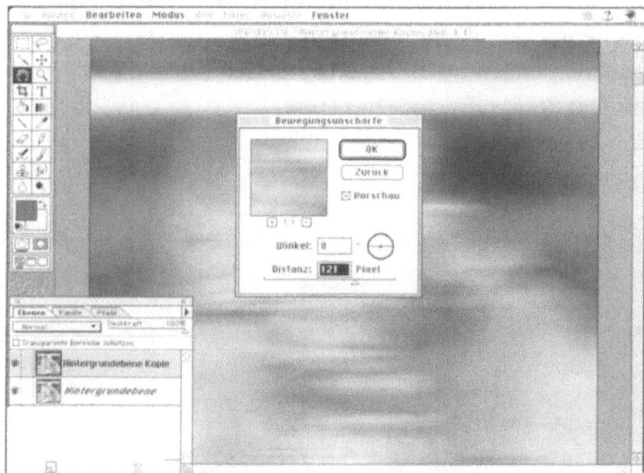

... und der Filter „Bewegungswischer" angewendet. Für diese Ebene wird eine Maske angelegt und mit Schwarz gefüllt.

Über die Airbrush-Pistole wird Weiß in die Bereiche der Ebenenmaske gesprüht, für die ein Bewegungswischer gewünscht ist.

Bewegungswischer für Fotos

Die meisten Fotos sind Momentaufnahmen aktionsreicher Vorgänge. Ein Bewegungswischer unterstreicht dies und kann ein ausgezeichneter Blickfang sein. Hier ein Lösungsweg, bei dem Sie sehr nuanciert den Bewegungswischer für mehrere Objekte innerhalb eines Fotos gestalten. Öffnen Sie die Datei in Photoshop und rufen Sie die Ebenenpalette auf. Über das Aufklappmenü der Palette duplizieren Sie die Ebene. Auf diese duplizierte Ebene wenden Sie den Bewegungswischer an (Filter: „Weichzeichnungsfilter: Bewegungswischer"), wobei der Effekt sehr stark ausfallen darf. Für diese Ebene legen Sie nun eine Ebenenmaske an (über Aufklappmenü der Palette) und füllen diese mit Schwarz über „Bearbeiten: Fläche füllen". Nach diesem Schritt sollte wieder das ursprüngliche Bild zu sehen sein.

Durch Sprühen von Weiß in die Ebenenmaske wird der Bewegungswischer wieder sichtbar. Für die Übergänge verwenden Sie eine Pinselform mit weichen Kanten. Fehler lassen sich leicht korrigieren, indem mit Schwarz über die entsprechenden Stellen gesprüht wird.

Wischer in Grafikprogrammen

Mit Grafikprogrammen ist dieser Effekt durch Verwenden der Überdrucken-Funktion ebenfalls zu erzielen. Ich bin auf diesen Trick vor vielen Jahren gekommen, als ich vor dem Problem stand, einen Bewegungswischer vor einem Farbverlauf zu gestalten. Dies läßt sich in Grafikprogrammen normalerweise nicht über die Standard-Funktionen gestalten, und ich experimentierte daraufhin mit der Überdrucken-Funktion. Das Resultat ist im wahrsten Sinne des Wortes überraschend, denn der Effekt wird auf dem Bildschirm nicht dargestellt.

Normalerweise ist die Überdrucken-Funktion dazu gedacht, Überfüllungen zu erzeugen, damit beim Druck keine Blitzer entstehen. Die Überdrucken-Funktion addiert die Farbwerte eines Objektes mit den Farbwerten des darunterliegenden Objektes, anstatt sie auszusparen. Diese Eigenschaft läßt sich nutzen, um einen Bewegungswischer zu gestalten.

Für den „DTP"-Schriftzug wurde eine Kopie des Schriftzuges erstellt, und die nicht benötigten Punkte der Pfade wurden gelöscht. Anschließend wurde für die Kontur „Überdrucken" angewählt. Diese Option finden Sie in Illustrator in den Grafikattributen und in FreeHand in der Zentralpalette. Der Pfad wurde kopiert, versetzt und mit neuer Farbe definiert.

In Illustrator werden die Pfade mit dem Angleichen-Werkzeug ineinander überblendet, in FreeHand wird dazu die Funktion „Einstellung: Zeichenweg bearbeiten: Vereinigen" verwendet. In beiden Programmen müssen vorher aber erst zwei korrespondierende Punkte der beiden Pfade angewählt werden.

Am besten kommt der Bewegungswischer-Effekt zur Geltung, wenn die Schrift vor einem Hintergrund oder einem Farbverlauf plaziert ist. Da dieser Effekt am Bildschirm nicht dargestellt wird, überprüfen Sie die Farbseparation auf einem Laserdrucker vor dem Belichten.

Die Option für Überdrucken findet sich in Illustrator in den Grafikattributen und in FreeHand in der Zentralpalette.

Bevor zwei Pfade ineinander überblendet werden können, müssen zwei korrespondierende Punkte aktiviert sein.

Benötigte Software:

Photoshop

Polatransfer

Polatransfer ist eine Technik aus der Fotografie, bei dem ein Polaroid kurz nach dem Belichten auseinandergezogen und die Negativschicht für einige Minuten auf ein angefeuchtetes Papier (Aquarellpapier) gepreßt wird. Dabei überträgt sich die Negativschicht auf das Papier und produziert Fotos, die den Charakter von gemalten Bildern haben. Ein weiteres charakteristisches Merkmal sind die unregelmäßigen Ränder in Türkis- und Brauntönen, sowie die Farbverschiebungen. (Beim Original-Polatransfer wandern die Farben während der Entwicklungszeit quasi nacheinander vom Negativ zum Positiv. Die Farbverschiebungen entstehen durch das frühzeitige Trennen von Positiv und Negativ: Nur ein Teil der Farbschichten werden auf das Aquarell-Papier übertragen.)

Obwohl Polatransfer so ein wunderbarer Effekt ist, hat er einen Nachteil: Er produziert nur Unikate, und das Ergebnis ist sehr schwer vorhersehbar. Deswegen hier ein Tip, wie Sie Polatransfer in Photoshop simulieren. Alles, was Sie dazu benötigen, ist ein Rand eines vorhandenen Polatransfers, in den ein modifiziertes Foto eingesetzt wird.

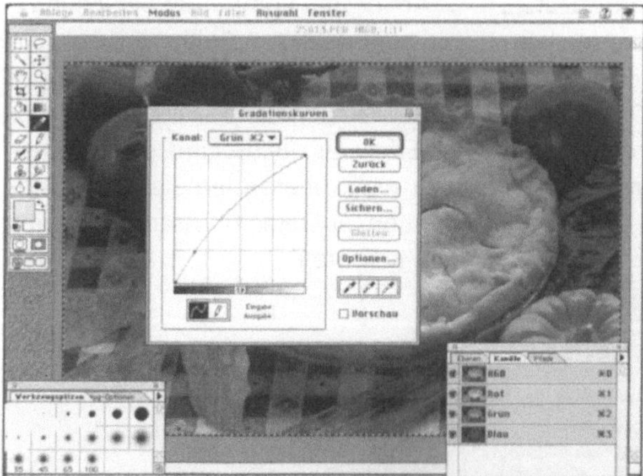

Als erster Schritt wird die Farbigkeit des Bildes über die Gradationskurven dem Bildrand in der Farbigkeit angepaßt, um die Farbverschiebungen zu simulieren, die beim Polatransfer entstehen.

Polatransfer in Photoshop

Laden Sie ein Polatransfer und wählen Sie über „Auswahl: Farbbereich auswählen" den Inhalt des Polatransfers aus. Dabei lassen sich mit der Pipette nacheinander mehrere Farben anwählen und zum Farbbereich addieren. Die Auswahl muß nicht perfekt sein, es geht hauptsächlich darum, den unregelmäßigen Übergang vom Bildrand zum Foto einzufangen. Nachdem die Auswahl über „Auswahl sichern" in einen Alphakanal gesichert wurde, korrigieren Sie die Maske mit dem Pinselwerkzeug. Dazu zeichnen Sie mit weißer oder schwarzer Vordergrund-

Über die Zwischenablage wird das Foto in den Polatransfer-Rahmen eingepaßt. Im nächsten Arbeitsschritt erhält das Foto eine unregelmäßige Papierstruktur.

farbe in den Kanal, nachdem Sie diesen in der Kanalpalette angewählt haben.

Um dem Foto einen Polatransfer-Charakter zu geben, müssen die Farbverschiebungen simuliert werden. Laden Sie das Foto, und rufen Sie „Einstellen: Gradationskurven" auf. Über die Beziérkurven passen Sie die Fabe für den Rot-, Grün- und Blau-Kanal separat an (wenn Ihnen das CMYK-Modell vertrauter ist, wandeln Sie das Bild).

Der schnellste Weg, das Bild in den Polatransfer-Rahmen einzupassen, ist über die Funktion „In die Auswahl einsetzen" (Bearbeiten-Menü). Dazu kopieren Sie das Foto in die Zwischenablage, laden in der Polatransfer-Datei die Auswahl („Auswahl laden" im Auswahl-Menü) und setzen die Zwischenablage ein. Über „Bild: Effekte: Skalieren" läßt sich das Bild noch anpassen. Der Nachteil dieser Vorgehensweise: Sobald die Auswahl aufgehoben ist, ist die Position endgültig. Eine Alternative dazu ist, das Foto als neue Ebene einzusetzen (dazu die Ebenenpalette aufrufen und die schwebende Auswahl durch Klicken auf das linke untere Symbol als permanente Ebene definieren). Um die neue Ebene und den Polatransfer-Rand zu kombinieren, legen Sie über das Aufklappmenü der Ebenenpalette für das Foto eine Ebenenmaske an. Anschließend wählen Sie den Maskenkanal an, wählen alles aus und kopieren dies in die Zwischenablage. Wechseln Sie wieder in die Ebenenpalette, und wählen Sie die Ebenenmaske des Fotos an, bevor Sie die Zwischenablage einsetzen. Wenn Sie nun auf die Fotoebene klicken, wird die schwebende Auswahl in die Ebenenmaske eingesetzt und maskiert das Foto. Der Vorteil: Mit dem Verschiebewerkzeug ist die Ebene noch positionierbar.

Da das Foto noch zu „glatt" wirkt, ist der nächste Schritt, dem Foto eine Papierstruktur zu geben. Kopieren Sie den Alphakanal über die Kanalpalette. Wählen Sie den neuen Kanal an, und laden Sie die Auswahl aus dem Ursprungskanal. Über den Filter „Störungen hinzufügen" addieren Sie zusätzliche Pixel, die anschließend mit dem Filter „Gaußscher Weichzeichner" (bei „Weichzeichnungsfilter") einen weicheren Übergang erhalten. Jetzt noch den Relieffilter auf die Auswahl angewendet („Stilisierungsfilter: Relief") und über „Tonwertkorrektur" den Kontrast erhöht und fertig ist der Kanal für die Papierstruktur. Wählen Sie die RGB-Kanäle an, und laden Sie die Auswahl aus dem neuen Kanal. Über „Tonwertkorrektur" und „Helligkeit/Kontrast" geben Sie dem Foto nun eine Papier-Struktur.

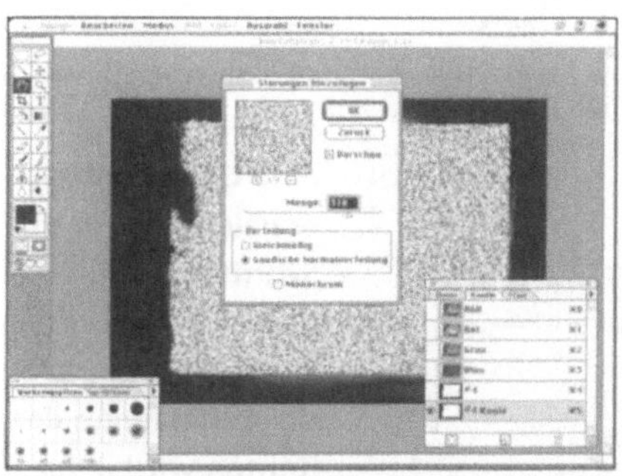

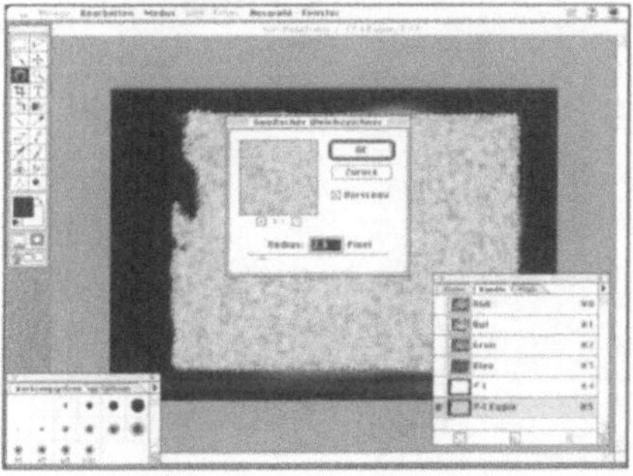

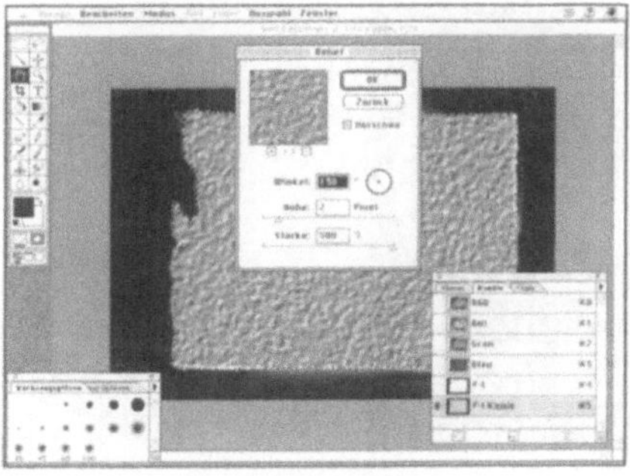

Für die Papierstruktur werden der Fläche Störungen hinzugefügt, diese werden weichgezeichnet und mit dem Relieffilter behandelt.

Benötigte Software:

Photoshop

Gold & Chrom

Sind Sie auch ein Fan von Videoanimationen, in denen Weltkugeln aus Chrom und Logos aus Gold umherschwirren? Die Möglichkeit, künstlich diese Materialien zu gestalten, hat etwas Faszinierendes, und immer mehr Grafiker entdecken 3D-Programme für ihre Arbeit. Der amerikanische Designer Steve Lions hat daraus sogar seinen eigenen unverkennbaren Stil entwickelt: Er kombiniert 3D-Elemente mit seinen 2D-Illustrationen.

Überzeugende Ergebnisse aus 3D-Programmen zu erzielen, ist am Anfang nicht einfach, und ich kann mich noch entsinnen, wie viele Nächte ich damit verbracht habe, einem Schriftzug den Charakter von Gold zu geben. Was immer ich auch versucht habe, meine Objekte waren bestenfalls gelb mit einem kleinen Blitzer, aber sahen in keiner Weise aus wie Gold. Der Grund war eigentlich ziemlich naheliegend: Gold oder Messing sind Materialien, die sich über ihren Reflexionsgrad definieren. Mit anderen Worten: Je mehr sich spiegelt, umso glänzender erscheint das Objekt. In einem 3D-Programm ist aber erst einmal keine Umgebung. Alles, was sich in meinem Schriftzug spiegelte, war das Licht der Lampen.

Mir sind damals zwei Dinge bewußt geworden:

1. Manchmal ist es leichter und schneller in einem Grafik- oder Malprogramm eine Goldschrift zu gestalten als in einem 3D-Programm.

2. Ein künstlicher Gold- oder Messing-Effekt in einem Grafik- oder Malprogramm mag optisch nicht korrekt sein, ist aber für den Betrachter oftmals leichter als solcher zu erkennen.

Deswegen hier einige Varianten für einige Materialien, die einfach und schnell in einem Grafik- oder Bildbearbeitungsprogramm umzusetzen sind.

Goldschrift 1

Der Schriftzug in der Abbildung wirkt erstaunlich realistisch, obwohl er sehr einfach gestaltet wurde: Der gesamte Schriftzug ist mit einem Verlauf gefüllt, der schräg von links unten nach rechts oben verläuft. Um den Eindruck von Reflexion zu erwecken, wurde ein dunkler Farbstreifen innerhalb des Verlaufes verwendet.

Hier die Farbwerte des Verlaufes:

C:	18	10	80	20	20	0	30
M:	69	15	30	35	0	50	70
Y:	90	100	90	100	95	100	100
K:	5	0	70	10	0	0	55

Für die abgeschrägten Kanten sind die Buchstabenpfade parallel nachgezeichnet. FreeHand und Illustrator besitzen eine Funktion, um dies automatisch zu gestalten. Bevor Sie aber den Schriftzug parallel verschieben können, muß dieser in seine Pfade aufgelöst sein. Dies machen Sie über die Funktion: „In Zeichenwege umwandeln" (FreeHand) und „In Pfade umwandeln" (Illustrator). Dabei wird die in den PostScript-Zeichensätzen gespeicherte Information geladen. (Die PostScript-Zeichensätze müssen installiert sein!)

Illustrator: Hier wird die Funktion „Pfad verschieben" (Menü „Filter: Objekte") benötigt. Wenn Sie mit der Version 5.5 arbeiten, entstehen bei der

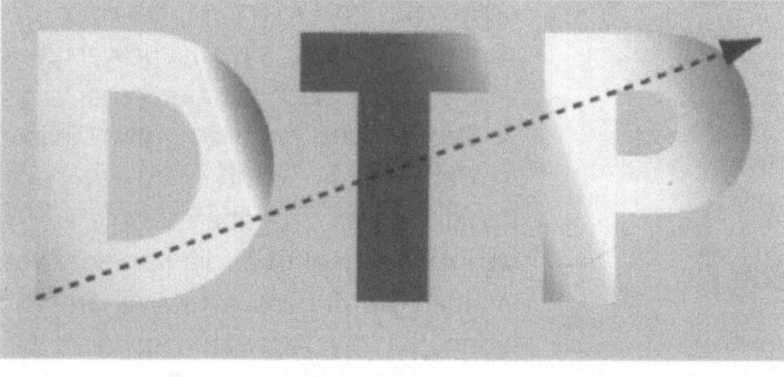

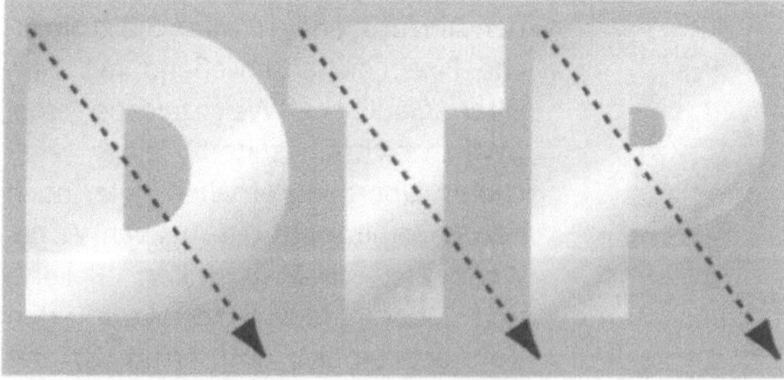

Der einfachste und schnellste Weg, eine Goldschrift zu erzielen, ist: Für die Schrift wird ein gemeinsamer Verlauf gewählt. Für die Reflexionen der Kanten wird jeder Buchstabe mit einem gegenläufigen Verlauf gefüllt.

Anwendung dieses Filters Überschneidungen innerhalb des Pfades. Um die überflüssigen Elemente zu löschen, müssen Sie den Filter „Vereinen" anwenden, die Überschneidungen an den Eckpunkten mit dem Einzelauswahl-Werkzeug auswählen und entfernen.

FreeHand: Klonen Sie über „Bearbeiten: Klonen" den Schriftzug und wenden anschließend das Xtra „Zeichenweg bearbeiten: Numerisch Skalieren" an (mit negativem Wert).

Jeder Buchstabe der Kante ist einzeln mit einem Verlauf von links oben nach rechts unten gefüllt. Um den Effekt von Glanzlichtern zu erzielen, sollte der Verlauf einen schmalen weißen Streifen besitzen.

Die Farbwerte der Kante:

C:	20	0	0	0	0
M:	70	2	0	30	0
Y:	90	85	0	90	90
K:	5	0	0	30	10

Mit diesem einfachen Verfahren gestalten Sie innerhalb von Minuten aus jedem beliebigen Schriftzug einen Goldschriftzug. Etwas umständlicher ist die nächste Variante.

Bereiten Sie den Schriftzug vor, wie im vorigen Abschnitt (Goldschrift 1) beschrieben (Schriftzug in Zeichenwege umwandeln. Die Kanten durch paralleles Verschieben des Pfades gewinnen).

Die Farbwerte für den inneren Verlauf:

C:	0	0	85	0	0
M:	75	10	75	30	10
Y:	75	75	80	75	75
K:	0	0	0	0	0

Der äußere Verlauf ist ein einfacher Gelb-Rot Verlauf.

Illustrator: Zeichnen Sie die Pfade für den Verlauf, wobei die Linienstärke etwa drei Punkt sein sollte, damit Sie nicht zu viele Zwischenschritte beim Überblenden benötigen.

Wählen Sie das Angleichen-Werkzeug; bei gedrückter Befehlstaste erscheint der Auswahlpfeil, mit dem Sie die beiden Anfangspunkte zweier Pfade anwählen. Sind beide Anfangs-

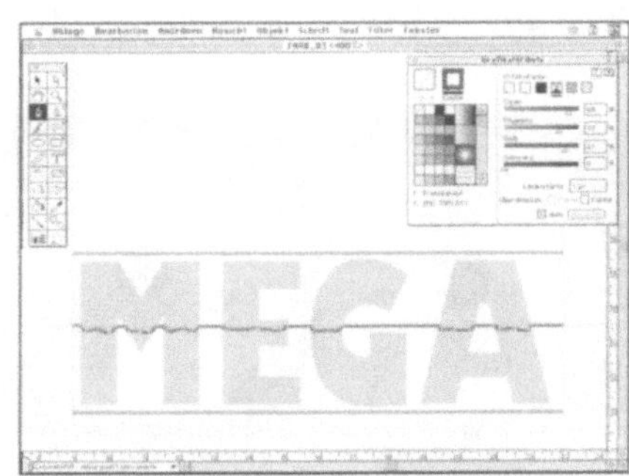

Über Angleichungsfunktion und -werkzeug lassen sich ausgefallene Verläufe gestalten. Dies läßt sich nutzen, um die Verzerrung an den Kanten zu simulieren.

GOLDSCHRIFT 2

Wenn Sie eine etwas fortgeschrittenere Technik verwenden wollen, gestalten Sie den Verlauf aus Pfaden, die ineinander überblendet wurden. Mit dieser Technik simulieren Sie das Verzerren der Farbe an der Kante.

punkte aktiviert, klicken Sie mit dem Angleichen-Werkzeug nacheinander auf beide Punkte – im erscheinenden Dialog geben Sie die Zahl der Zwischenschritte ein.

Zum Schluß bringen Sie den inneren Schriftzug nach vorne, wählen alle

BENÖTIGTE SOFTWARE:

ILLUSTRATOR ODER FREEHAND

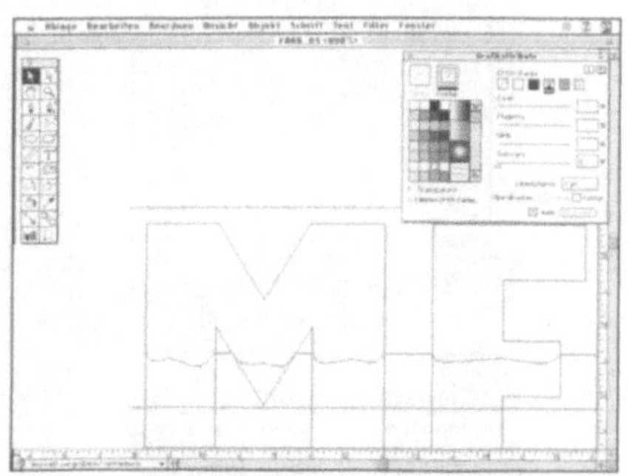

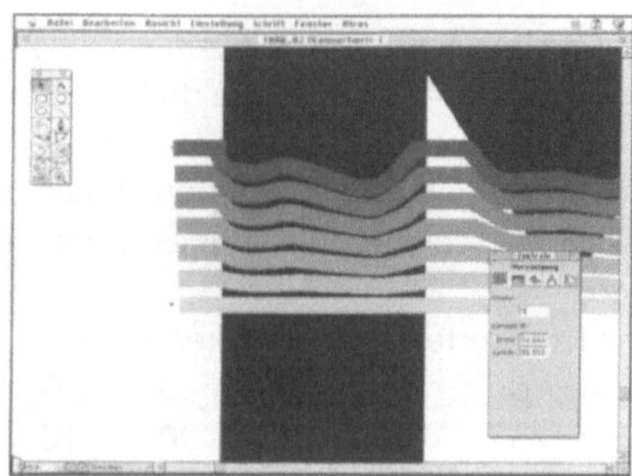

Ein Tip für das Angleichen zweier Linien in Illustrator und FreeHand: Fügen Sie in die Ausgangslinie zusätzliche Punkte ein, damit der Verlauf gleichmäßiger wird. Haben beide Linien eine unterschiedliche Anzahl von Punkten, kann der Verlauf seitlich verwischen.

Verlaufspfade an und maskieren diese („Objekt: Verknüpfte Pfade: Masken erstellen"). Bevor Sie aber den Schriftzug als Maske verwenden können, muß dieser verknüpft werden („Objekt: Verknüpfte Pfade: Erstellen"). Für die Kante wurde einfach eine Verlaufsfläche definiert.

FreeHand: Zeichnen Sie die einzelnen Pfade für den Verlauf. Immer zwei Pfade werden zu einem Farbverlauf vereinigt. Klonen Sie die zweite Linie, bevor Sie die beiden Linien vereinigen („Einstellung: Zeichenweg bearbeiten: Vereinigen"; zum Vereinigen müssen die Endpunkte der beiden Linien angewählt sein). Sind zuwenig Zwischenschritte gewählt, ändern Sie entweder die Linienbreite oder die Anzahl der Schritte in der Zentralpalette.

Der Schriftzug muß zu einem Objekt verbunden werden, um als Maske dienen zu können („Einstellung: Objekte verbinden"). Plazieren Sie alle Verläufe auf dem Schriftzug an der endgültigen Position, und schneiden Sie den Verlauf aus. Ist der Schriftzug angewählt, ist die Funktion „Innen einfügen" im Bearbeiten-Menü aktiv. Über diese Funktion setzen Sie den Verlauf in den Schriftzug. Wenn Sie die Position des Verlaufes ändern wollen, wählen Sie den Schriftzug an und rufen „Inhalt ausschneiden" auf. Der Verlauf wird dann wieder auf der Arbeitsfläche plaziert.

Goldschrift 3

Hier noch eine Variante für einen matten Goldeffekt. Gestaltet wurde der Schriftzug wie im ersten Abschnitt (Goldschrift 1) beschrieben.

Hier die Farbwerte für Innen:

C:	0	0	0	0	0
M:	50	15	0	40	10
Y:	80	100	75	60	70
K:	50	10	0	40	0

Die Farbwerte für die Kante:

C:	0	0	0	0	0
M:	0	0	40	0	70
Y:	10	75	60	10	80
K:	0	0	50	0	65

Glanzlichter in Photoshop

Um dem Ganzen die Krone aufzusetzen, konvertieren Sie die Illustration in Photoshop und versehen den Schriftzug noch mit Blitzern. Illustrator-Dateien lassen sich direkt importieren, FreeHand-Dateien können als Illustrator-Datei exportiert werden.

Laden Sie über die Werkzeugspitzen-Palette die Datei „Verschiedene Spitzen" aus dem Ordner „Spitzen & Muster". In dieser Ansammlung ausgefallener Werkzeugspitzen befindet sich eine „Blitzer"-Spitze. Zusammen mit dem Airbrush und einer weißen Vordergrundfarbe sprühen Sie die Blitzer auf die Kante. Es ist erstaunlich, was ein paar Blitzer ausmachen: Die Wirkung wird dadurch noch realistischer.

Der Schriftzug wurde in Photoshop konvertiert und die Datei „Verschiedene Spitzen" geladen. Diese enthält eine Werkzeugspitze für Blitzer. Mit dem Airbrush und einer weißen Vordergrundfarbe wurden die Blitzer auf der Kante aufgetragen.

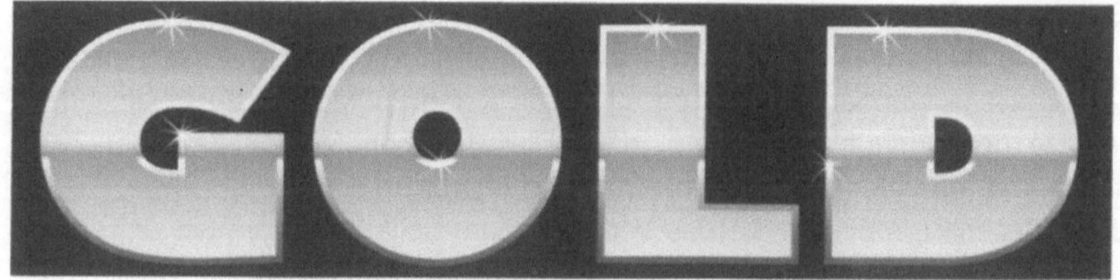

Chrom-Effekt

Der Weg, um eine Chromschrift zu erhalten, ist derselbe wie bei der Goldschrift, einzig die Farbzusammenstellung ändert sich. Eine klassische Farbgebung ist ein Verlauf von Dunkelblau zu fast Weiß und dann von Dunkelbraun zu Hellbraun. Diese Farbgebung scheint alles andere als natürlich zu sein, aber aus irgendeinem Grund hat sie sich etabliert. Hier nochmal die Arbeitsschritte:

1. Linien für Verlauf zeichnen. Dabei müssen in FreeHand die Ziellinien dupliziert werden, außerdem die Linie an der „Bruchkante" von Hellblau zu Dunkelbraun.

Die Farbwerte für den Verlauf sind:

C:	75	10	60	20	5
M:	75	0	100	45	20
Y:	0	0	100	100	45
K:	0	0	60	25	25

2. Die Endpunkte zweier Pfade anwählen und ineinander überblenden. Dies geschieht in Illustrator über das Angleichen-Werkzeug, in FreeHand über die Funktion „Vereinigen" im Menü „Einstellung".

3. Alle Verläufe gruppieren und mit dem Logo bzw. dem Schriftzug maskieren. In Illustrator muß die Maske auf dem Farbverlauf liegen, bevor Sie den Befehl „Masken: Erstellen" aufrufen. In FreeHand plazieren Sie den Verlauf auf der späteren Maske und schneiden den Verlauf aus, wählen Schriftzug bzw. Logo an und setzen den Verlauf über „Innen einfügen" in die Maske.

Um den Chromverlauf später maskieren zu können, muß das Logo aus einem einzigen Objekt bestehen. Dazu müssen die Pfade richtig verknüpft bzw. verbunden sein.

In Illustrator müssen die zu maskierenden Elemente hinter die Illustration positioniert werden, bevor sie maskierbar sind.

Chrom-Effekt in Photoshop

In Photoshop läßt sich eine Chromschrift hervorragend realisieren, da man hier auf ein Foto zurückgreifen kann, um die Reflexionen zu simulieren. Dies erspart ein umständliches Sprühen mit dem Airbrush.

Welche Technik steckt nun hinter der Chromschrift? Im Grunde wird hier mit Kanälen gearbeitet, wobei zwei wesentliche Elemente gestaltet werden müssen:

1. die Kante der Chromschrift und
2. die Reflexionen.

Legen Sie über die Kanal-Palette einen neuen Kanal an, und setzen Sie

Benötigte Software:

Illustrator oder FreeHand

Chromeffekt in Photoshop

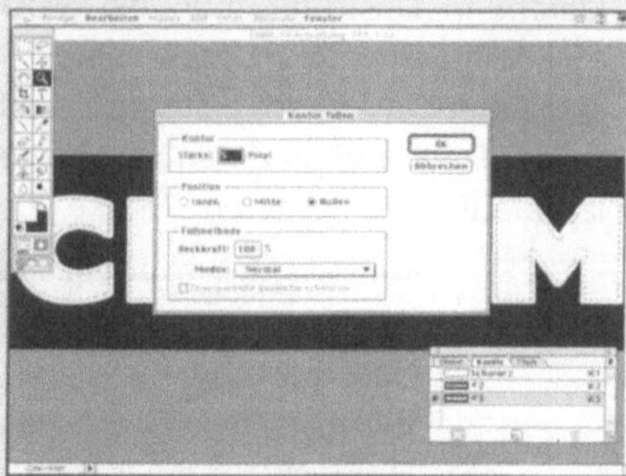

1. Schriftzug in einen neuen Kanal setzen (#2).
2. Kopie von diesem Kanal über die Palette erzeugen und in neuen Kanal speichern (#3). Auswahl aus Kanal #2 laden und Kontur füllen.

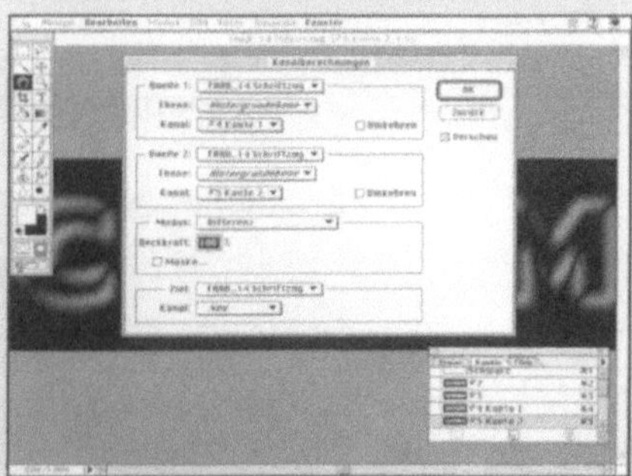

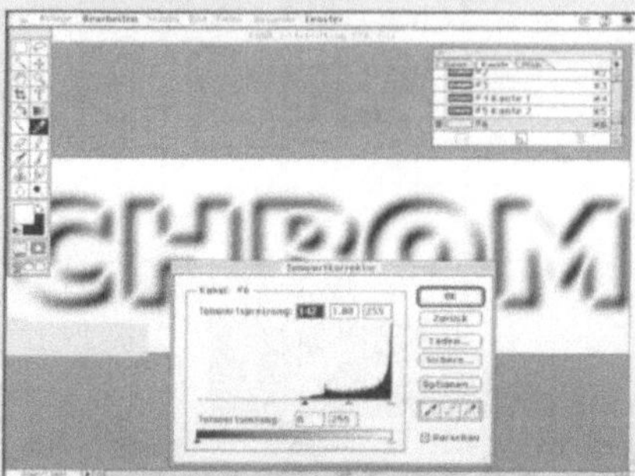

3. Kanal #2 zweimal kopieren, Gaußschen Weichzeichner anwenden, beide Kanäle über „Verschieben" schräg gegeneinander versetzen und über Kanalberechnung (Differenz) in neuen Kanal speichern (#6).
4. Tonwertkorrektur.

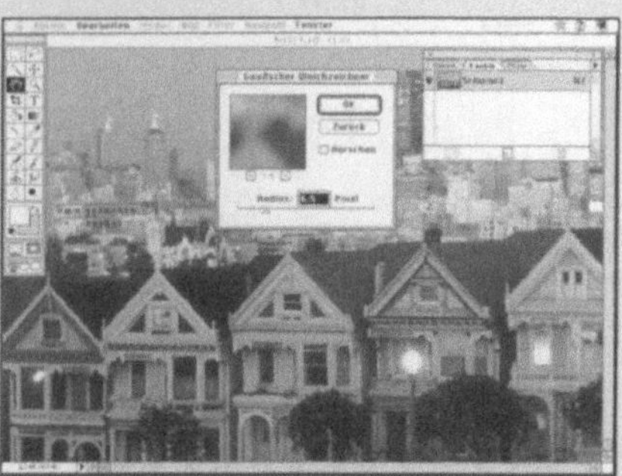

5. Foto öffnen, weichzeichnen und in Kanal #6 plazieren.
6. Skalieren, bis die Schrift komplett überdeckt ist.

7. Gradationskurve einstellen.
8. Auswahl (#3) laden, kopieren und in Hauptkanal einsetzen. In RGB-Modus wandeln.
9. Farbe über den „Variation"-Dialog hinzufügen.

den Schriftzug über das Text-Werkzeug in diesen neuen Kanal. Alternativ laden Sie ein Logo aus einem Grafikprogramm und kopieren es über die Zwischenablage in den neuen Kanal (Kanal #2). Um die Kante bei diesem Schriftzug zu gestalten, wurde der Kanal über die „Kanalpalette" dupliziert (Kanal #3) und die Auswahl (aus Kanal #2) geladen. Der Kanal #3 soll quasi einen vergrößerten Schriftzug erhalten, was sich durch Nachfahren des Schriftzuges über „Bearbeiten: Kontur füllen" erzielen läßt. In diesem Beispiel wurden fünf Pixel außen hinzugefügt.

Als nächster Arbeitsschritt sollen die Reflexionen auf der Kante des Schriftzuges gestaltet werden. Diese erhalten Sie, indem Sie zwei Kopien des Schriftzuges gegeneinander verschieben und über den Modus „Differenz" kombinieren. Hier im einzelnen die Schritte: Duplizieren Sie den Kanal mit dem ursprünglichen Schriftzug (Kanal #2) zweimal. Diese beiden Kanäle (#4, #5) werden mit dem „Gaußschen Weichzeichner" aus „Filter: Weichzeichnungsfilter" weichgezeichnet. Für den Beispielschriftzug genügte ein Faktor von 6,5 Pixel. Über „Filter: Sonstige Filter: Verschiebungseffekt" wurden die beiden Kanäle (#4, #5) schräg gegeneinander versetzt (-3, -3 und +3, +3).

Mit der Funktion „Bild: Kanalberechnungen" lassen sich Kanäle in vielfältiger Weise manipulieren. In diesem Beispiel wurden Kanal #4 und #5 über den Modus „Differenz" kombiniert und das Ergebnis in einen neuen Kanal gespeichert (#6).

Invertieren Sie den Kanal #6 über „Bild: Festlegen: Umkehren", und geben Sie dem Kanal etwas mehr Kontrast, indem Sie in dem „Tonwertkorrektur"-Dialog den „Auto"-Knopf anwählen („Tonwertkorrektur" befindet sich im Menü „Bild: Einstellen").

Der Schrift fehlen nun nur noch die Reflexionen auf dem Schriftzug, und um diese zu erhalten, verwenden wir ein Foto, das über den „Gaußschen Weichzeichner" unkenntlich gemacht wird. Es kann sich dabei um ein beliebiges Foto handeln. Wenn Sie allerdings deutlichere Reflexionen haben möchten, sollten Sie ein kontrastreiches Motiv verwenden.

Laden Sie die Datei und konvertieren Sie diese in den Graustufenmodus. Behandeln Sie sie noch mit dem „Gaußschen Weichzeichner", bevor Sie alles auswählen und auf die Datei mit dem Chrom-Schriftzug ziehen. Hier passen Sie das Bild über „Skalieren" in der Größe an, wobei Sie nicht auf Proportionalität achten müssen. Da das Foto noch eine schwebende Auswahl in der Ebenenpalette ist, wechseln Sie in die Ebenenpalette, und regeln Sie die Deckkraft auf 50%, bevor Sie die schwebende Auswahl in den Kanal #6 einsetzen.

Kanal #6 bekommt bereits den Charakter von Chrom. Um diesen Charakter noch stärker herauszuarbeiten, verzerren Sie die Hell/Dunkel-Verteilung über eine Gradationskurve. In unserem Beispiel sah die Kurve aus wie zwei Kamelhöcker, aber dies ist nicht die einzige Form – experimentieren Sie mit komplexeren Kurven.

Der Schriftzug ist im Prinzip fertig. Nun wird nur noch die Auswahl aus Kanal #3 geladen. Dies war der Kanal, der um eine Kontur erweitert wurde. Kopieren Sie die Auswahl über Befehlstaste-C in die Zwischenablage und setzen Sie die Kopie in den Hauptkanal wieder ein, bevor Sie das Bild in den RGB- oder CMYK-Modus wandeln.

Damit der Chrom-Schriftzug etwas Farbigkeit bekommt, gehen Sie in den Dialog „Variationen" (Menü „Bild: Einstellen"). Dabei muß die ganze Zeit die Auswahl aktiviert bleiben, damit sich die Farbänderungen nur auf den Schriftzug auswirken. In den „Variationen" bestimmen Sie separat für die Tiefen, Mitten und Höhen die Farbigkeit. Über „Sättigung" regeln Sie die Intensität der Farbigkeit.

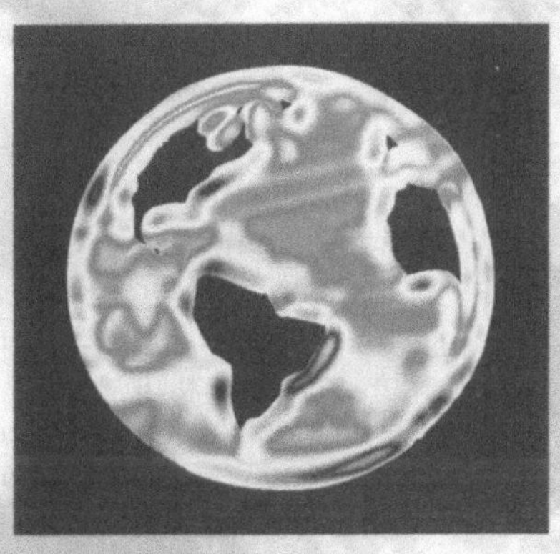

Benötigte Software:

Photoshop

Glas & Wasser

Transparente Materialien zufriedenstellend zu simulieren, ist keine leichte Aufgabe, da transparente Objekte sich durch ihre Lichtbrechung auszeichnen. Aus diesem Grund ist es sinnvoll, den Effekt nur einzusetzen, wenn das Objekt auf einem Foto oder einer Struktur plaziert werden kann. Obwohl sehr viele Arbeitsschritte benötigt werden, um diese Effekte in Photoshop zu gestalten, wirkt der Prozeß schwieriger, als er ist. Im Prinzip besteht die Reflexionsmaske immer aus der Differenz zweier gegeneinander verschobener Grundformen, die vorher über den „Gaußschen Weichzeichner" behandelt wurde.

Wasser in Photoshop

Laden Sie ein Foto und öffnen Sie die Kanalpalette. Über das Aufklappmenü

Die Simulation von Wasser in Photoshop

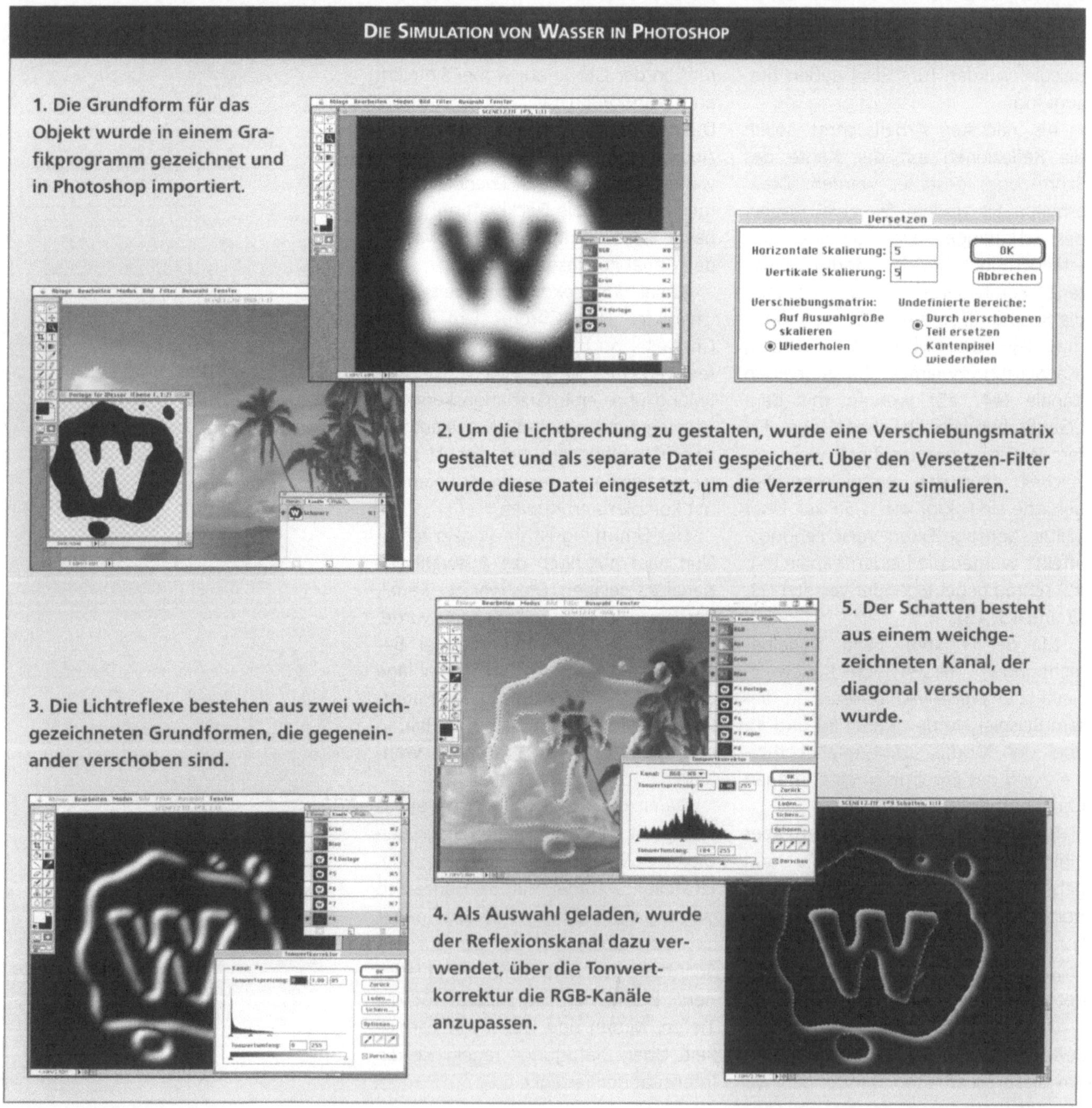

1. Die Grundform für das Objekt wurde in einem Grafikprogramm gezeichnet und in Photoshop importiert.

2. Um die Lichtbrechung zu gestalten, wurde eine Verschiebungsmatrix gestaltet und als separate Datei gespeichert. Über den Versetzen-Filter wurde diese Datei eingesetzt, um die Verzerrungen zu simulieren.

3. Die Lichtreflexe bestehen aus zwei weichgezeichneten Grundformen, die gegeneinander verschoben sind.

4. Als Auswahl geladen, wurde der Reflexionskanal dazu verwendet, über die Tonwertkorrektur die RGB-Kanäle anzupassen.

5. Der Schatten besteht aus einem weichgezeichneten Kanal, der diagonal verschoben wurde.

muß ein zusätzlicher Kanal (#4) angelegt werden, in den die Grundform gezeichnet wird, entweder mit dem Pinselwerkzeug oder durch Importieren der Vorlage aus einem Grafikprogramm. Diesen Kanal kopieren Sie über „Kanal duplizieren" in einen neuen Kanal (#5) und wenden den „Gaußschen Weichzeichner" aus der Rubrik „Weichzeichnungsfilter" an. Aus diesen beiden Kanälen wird nun eine neue Datei generiert, die als Verschiebungsmatrix die Lichtbrechung simulieren soll. Über die Funktion „Bild: Kanalberechnung" öffnen Sie einen Dialog, in dem Sie als Quelle 1 den Kanal #4 angeben und als Quelle 2 den Kanal #5. Als Modus verwenden Sie „Multiplizieren". Als Ziel stellen Sie „Neu" ein, um das Ergebnis dieser Funktion in einer eigenen Datei zu sichern. Durch das Multiplizieren ist eine Datei mit scharfen Kanten und einer Wölbung auf den Innenseiten der Grundformen entstanden, die im Photoshop-Format gespeichert sein muß, um als Versetzungsmatrix verwendbar zu sein.

Aktivieren Sie die RGB-Kanäle, und rufen Sie den Filter „Versetzen" in der Rubrik „Verzerrungsfilter" auf. Für den horizontalen und vertikalen Verschiebungswert verwenden Sie einen Wert zwischen 3-5 Pixel. Als Option für die Verschiebungsmatrix wählen Sie „Wiederholen" und für den undefinierten Bereich „Durch verschobenen Teil ersetzen". Nach dem Bestätigen fragt Photoshop nach der Datei, die als Versetzungsmatrix verwendet werden soll.

Der nächste wesentliche Arbeitsschritt ist, die Glanzlichter auf das Wasser zu setzen. Duplizieren Sie dazu den Kanal #5 zweimal (in #6 und #8). Die beiden neuen Kanäle werden diagonal gegeneinander verschoben über den Filter „Verschiebungseffekt" („Filter: Sonstige Filter"). Wählen Sie dazu erst den Kanal #6 an, und geben Sie für die vertikale und horizontale Verschiebung -5 Pixel ein und für den Kanal #7 entsprechend +5 Pixel für die vertikale und horizontale Verschiebung. Beide Kanäle werden wieder über die Kanalberechnung miteinander kombiniert. Das Ergebnis soll in einem neuen Kanal gespeichert werden, weswegen Sie als Ziel „Kanal: Neu" wählen. Als Quellen verwenden Sie die Kanäle #6 und #7 und kombinieren diese über „Modus: Differenz". Der neu entstandene Kanal läßt schon die Lichtreflexionen erkennen, er muß zuerst aber noch über die Auto-Funktion der „Tonwertkorrektur" („Bild: Einstellen") optimiert werden. Als letztes laden Sie in den Kanal #8 die Auswahl („Auswahl: Auswahl laden") aus Kanal #4, kehren diese um („Auswahl umkehren") und löschen die Auswahl über die Rückschrittaste, wobei Schwarz als Hintergrundfarbe eingestellt sein muß.

Wählen Sie die RGB-Kanäle an, und laden Sie die Auswahl aus Kanal #8. Über die „Tonwertkorrektur" können Sie über den „Tonwertumfang" den Dunkelbereich reduzieren, indem Sie den schwarzen Schieberegler nach rechts verschieben.

Der letzte Arbeitsschritt ist, dem Wasser noch einen Schatten zu geben, wozu Sie den Kanal #5 duplizieren (#9) und in den aktivierten Kanal #9 über „Auswahl laden" die Auswahl aus Kanal #4 bringen. Mit Schwarz als Hintergrundfarbe löschen Sie die Auswahl und übrig bleibt die Maske für den Schatten. In den RGB-Kanälen laden Sie die Auswahl aus Kanal #9 und nehmen über die „Tonwertumfang" (in der „Tonwertkorrektur") den hellen Anteil heraus. Fertig ist die Wasserfläche.

Glas in Photoshop

Öffnen Sie ein Foto oder eine Struktur und legen Sie über die Kanalpalette einen neuen Kanal an. In diesen Kanal #4 zeichnen oder plazieren Sie das Motiv, wobei die weißen Flächen die Umrisse des Objektes definieren. Ebenfalls über die Ebenenpalette duplizieren Sie den Kanal #4. Dieser

Benötigte Software:

Photoshop

Die Simulation von Glas in Photoshop

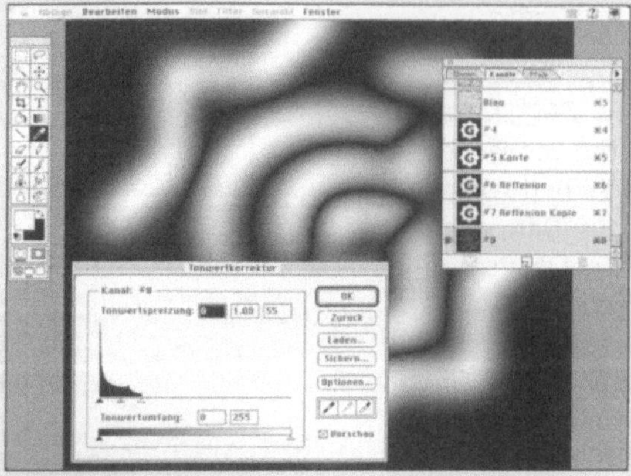

1. Über „Differenz" wurden zwei gegeneinander versetzte Kanäle kombiniert, um Lichtreflexionen zu erhalten.

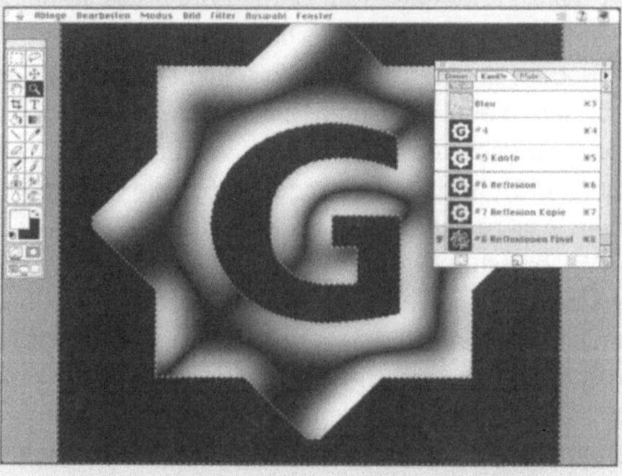

2. Der Reflexionskanal wurde über die äußere Objektmaske zurechtgestutzt.

3. Die innere Objekt-Maske wurde als Auswahl geladen und umgekehrt.

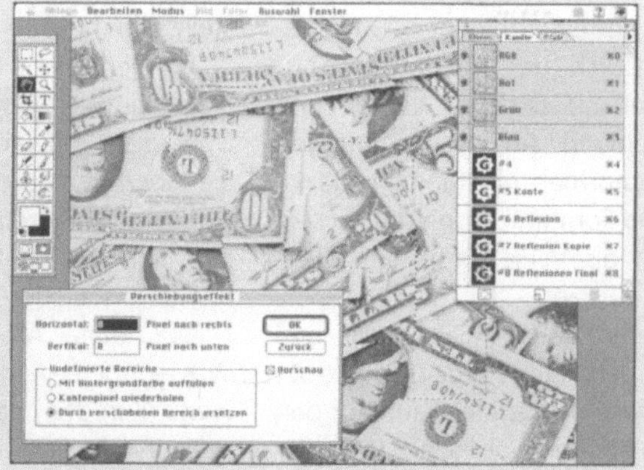

4. Die Lichtbrechung wurde über den „Verschiebungseffekt" simuliert.

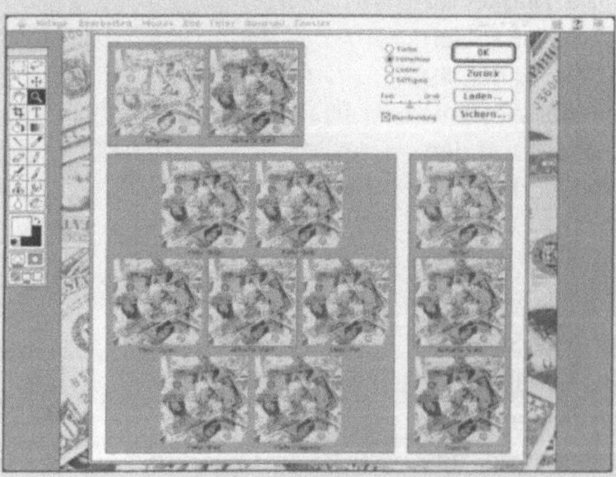

5. Über „Variationen" wird das Glas eingefärbt.

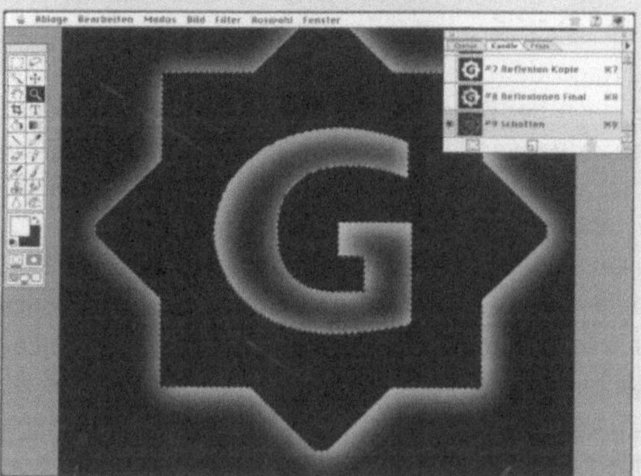

6. Eine mit dem „Gaußschen Weichzeichner" behandelte Grundform dient als Schatten.

neue Kanal #5 soll die Maske für die äußere Kante der Glasfläche werden. Dazu muß die Kante parallel verschoben werden, was über den Filter „Helle Bereiche vergrößern" („Sonstige Filter") sehr leicht realisiert werden kann. Verwenden Sie einen Wert zwischen 5–10 Pixel um die Kantenstärke festzulegen.

Die Reflexionen auf dem Glas sollen im nächsten Schritt gestaltet werden. Duplizieren Sie den Kanal #4, und wenden Sie den „Gaußschen Weichzeichner" mit einem Wert von zirka 10 Pixel auf diesen neuen Kanal #6 an. Anschließend duplizieren Sie den Kanal. Beide Kanäle (#6, #7) bilden die Grundlage für die Reflexionsmaske. Dazu werden beide diagonal gegeneinander verschoben. Dies geschieht über den Filter „Verschiebungseffekt" („Sonstige Filter"), wobei die Option „Mit Hintergrundfarbe auffüllen" für den undefinierten Bereich angewählt sein muß. Den Kanal #6 verschieben Sie beispielsweise mit -8 Pixel für horizontale und vertikale Verschiebung, während Sie den Kanal #7 mit +8 Pixel verschieben (ebenfalls für horizontale und vertikale Verschiebung). Wie beim Wasser, entsteht die Reflexion aus einer Kombination dieser beiden Kanäle über Kanalberechnungen (Bild-Menü). Als Quelle 1 geben Sie den Kanal #6 an und als Quelle 2 den Kanal #7. Das Ergebnis der Differenz-Berechnung wird in einen neuen Kanal (#8) gespeichert.

Um die Reflexionen exakt mit der Kante des Objektes aufhören zu lassen, laden Sie über „Auswahl: Auswahl laden" den Kanal #5, der die Maske für die äußere Objektkante enthält und invertieren die Auswahl. Dies können Sie bereits im Auswahl-Dialog machen oder auch nachträglich über „Auswahl umkehren". Betätigen Sie die Löschtaste, um die Auswahl zu löschen, wobei die Hintergrundfarbe Schwarz sein muß. Anschließend laden Sie den Kanal #4, der die Umrisse der inneren Kante enthält, und invertieren die Auswahl über „Festlegen: Umkehren" aus dem Bild-Menü.

Bevor die Reflexionen auf die RGB-Kanäle angewendet werden, laden Sie erst noch den Kanal #4 als Auswahl und verschieben diese über den „Verschiebungseffekt" („Sonstige Filter"). Mit dieser Funktion läßt sich die Lichtbrechung des Glases simulieren. In dem Beispiel wurde jeweils um 8 Pixel, sowohl horizontal als auch vertikal, verschoben, wobei der undefinierte Bereich durch den verschobenen Bereich ersetzt wurde.

Da Glas leichter zu erkennen ist, wenn es geringfügig getönt ist, färben Sie die noch aktive Auswahl über „Variationen" ein („Bild: Einstellen").

Laden Sie die Auswahl mit der Reflexion (Kanal #8), und rufen Sie die Funktion „Tonwertkorrektur" („Bild: Einstellen") auf. Über den „Tonwertumfang" nehmen Sie die dunklen Bereiche heraus, indem Sie den linken (schwarzen) Regler nach rechts verschieben, bis die Reflexionen ihren Vorstellungen entsprechen.

Das Ergebnis ist schon sehr zufriedenstellend, aber die Wirkung läßt sich noch einmal unterstreichen, mit einem Objektschatten. Dazu duplizieren Sie den Kanal #5 und wenden den „Gaußschen Weichzeichner" auf den neuen Kanal #9 an. Anschließend wird der Schatten über den „Verschiebungseffekt" nach rechts unten bewegt („Sonstige Filter"), wobei Sie für die horizontale und vertikale Verschiebung den gleichen Wert eingeben, den Sie für den „Gaußschen Weichzeichner" verwendet haben. Laden Sie nun den Kanal #5 als Auswahl, löschen Sie diese, und der Kanal für den Schatten ist fertig. In den RGB-Kanälen laden Sie den Kanal #9 und passen den Tonwertebereich entsprechend an, indem Sie die hellen Bereiche herausnehmen (rechten Regler nach links verschieben).

Benötigte Software:

Photoshop

Informationsgrafiken

Kaum ein Magazin oder ein Geschäftsbericht kommt ohne visuelle Umsetzung von Informationen aus. Die häufigste Variante sind Grafiken und Illustrationen, um die Aussage von Datenkolonnen in Form von Diagrammen hervorzuheben. Für diese Art von Diagrammen gibt es zahlreiche spezialisierte Programme, die aber oftmals den Nachteil haben, daß man rein auf die Gestaltungsmittel des Programmes angewiesen ist. Aus diesem Grund ist es oftmals sinnvoller, die Diagramme gleich in einem Grafikprogramm anzulegen. Im folgenden sollen einige Tips & Tricks gezeigt werden, wie Sie Diagramme in einem Grafikprogramm anlegen und aufwerten können. Dabei wird hauptsächlich auf Illustrator eingegangen, da Illustrator bereits eine Diagramm-Funktion integriert hat. Wenn Sie FreeHand-Benutzer sind, aber Illustrator besitzen, oder Zugriff darauf haben, scheuen Sie sich nicht, dieses Kapitel durchzuarbeiten, denn die meisten Illustrator-Anwender sind mit den Diagramm-Funktionen ebenfalls nur rudimentär vertraut, weswegen die Arbeitsschritte hier ausführlich beschrieben werden.

Zuerst jedoch ein paar Grundlagen zu den verschiedenen Diagrammtypen und deren Einsatzgebiet.

Gestapelte Säulen: Diese Diagrammart empfiehlt sich besonders dann, wenn ein Wert, der verglichen wird, in seine Bestandteile aufgelöst werden soll. Beispielsweise soll das Bruttosozialprodukt verschiedener Staaten gegenübergestellt werden, gleichzeitig soll aber noch ersichtlich sein, woraus sich diese Einkünfte zusammensetzen. Eine verwandte Diagrammart ist das Flächendiagramm. Der wesentliche Unterschied ist, daß ein Flächendiagramm für eine Trendentwicklung sinnvoller ist. Die gestapelten Säulen sind auch eine Alternative zu Tortengrafiken: Wenn alle Säulen die gleiche Summe haben, repräsentiert jeder Teilbereich den prozentualen Anteil.

Liniendiagramm: Die Erfolgskurve einer Firma ist wohl das klassische Beispiel für das Liniendiagramm. Es ist ideal, um Trendentwicklungen zu zeigen und zu vergleichen. Illustrator besitzt die Option, die Datenpunkte anzuzeigen und zu verbinden, sowie die Linienbreite zu bestimmen. Für die Datenpunkte kann zudem ein eigenes Design entworfen werden.

BRD	24.00	35.00
GB	45.00	32.00
USA	34.00	55.00
F	54.00	42.00
CH	12.00	66.00

Jede Zeile ergibt eine gestapelte Säule.

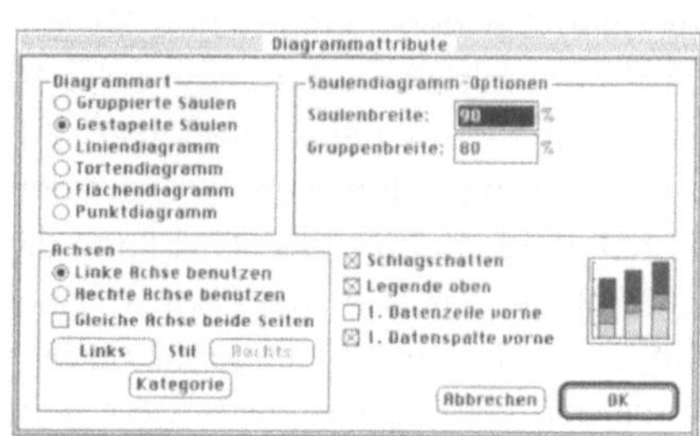

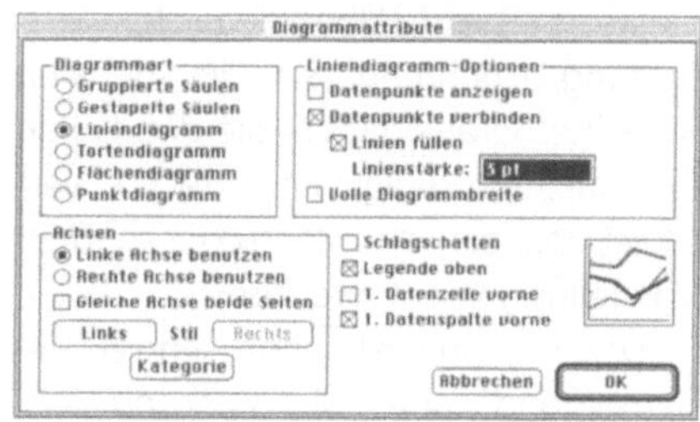

Im Liniendiagramm wird jede Spalte als Linie umgesetzt. Für die Linie kann auch eine Umrißlinie definiert werden.

	"1994"	"1995"
JAN	80.00	75.00
FEB	56.00	94.00
MÄR	37.00	86.00
APR	44.00	66.00
MAI	16.00	25.00
JUN	45.00	33.00
JUL	94.00	42.00
AUG	88.00	75.00
SEP	67.00	84.00
OKT	78.00	90.00
NOV	65.00	61.00
DEZ	43.00	88.00

Tortendiagramm: Jede Zeile entspricht einer Torte. Variiert die Summe der einzelnen Datenzeilen, skaliert Illustrator die Torten.

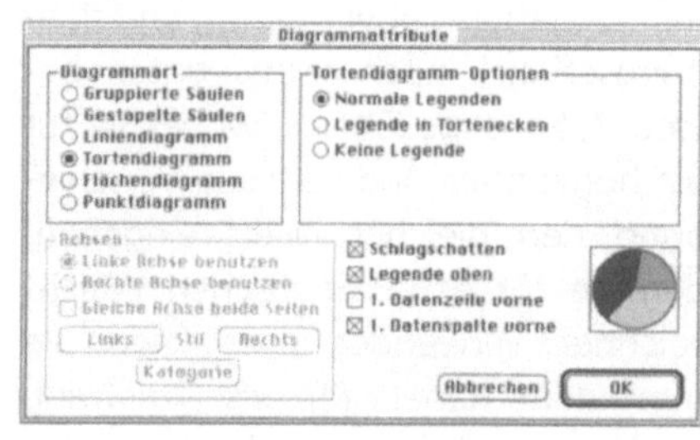

	Wein	Sekt	Wasser	Limo
USA	32.00	13.00	27.00	23.00
SPAIN	44.00	11.00	35.00	10.00
CANADA	39.00	25.00	20.00	16.00

	Lager	Persona	Versand
"1990"	55.00	90.00	23.00
"1991"	62.00	66.00	30.00
"1992"	67.00	54.00	36.00
"1993"	55.00	50.00	50.00
"1994"	52.00	45.00	54.00

Für das Flächendiagramm gibt es außer den Standardoptionen keine weiteren Varianten.

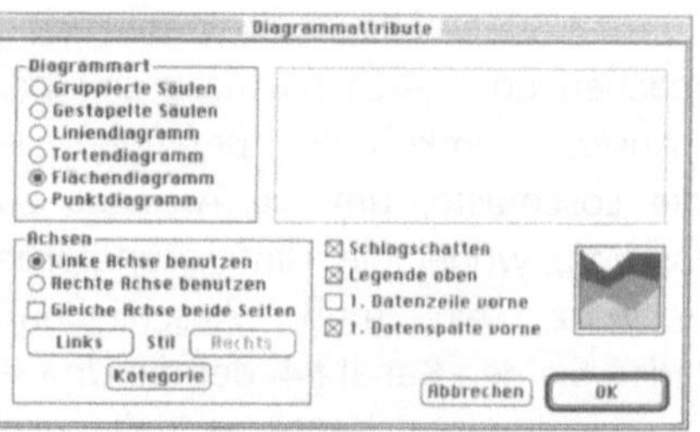

Tortendiagramm: Üblicherweise wird das Tortendiagramm verwendet, um den prozentualen Anteil am Gesamten zu verdeutlichen. Illustrator erlaubt es hier, mehrere Tortendiagramme auf einmal einzugeben und zu erstellen. Variieren die Torten in ihrer Größe zueinander, liegt das daran, daß die Summen der einzelnen Datenzeilen unterschiedlich sind. Manchmal ist dieser Effekt aber nicht erwünscht: Umgehen Sie dies, indem Sie vorher den prozentualen Anteil errechnen.

Stickst		Sauerst	
20.00	1.00	70.00	1.00
22.00	2.00	75.00	2.00
18.00	3.00	78.00	3.00
16.00	4.00	82.00	4.00
15.00	5.00	79.00	5.00
23.00	6.00	71.00	6.00
53.00	7.00	61.00	7.00
70.00	8.00	57.00	8.00
86.00	9.00	62.00	9.00
80.00	10.00	67.00	10.00
82.00	11.00	63.00	11.00
90.00	12.00	56.00	12.00
85.00	13.00	50.00	13.00
92.00	14.00	48.00	14.00
80.00	15.00	53.00	15.00
72.00	16.00	49.00	16.00
79.00	17.00	46.00	17.00
83.00	18.00	40.00	18.00
60.00	19.00	37.00	19.00

BRD	80.00	86.00	97.00
USA	76.00	56.00	64.00
F	56.00	43.00	60.00
GB	37.00	66.00	57.00
CH	70.00	78.00	65.00

Jede Datenzeile wird im Säulendiagramm als Gruppe umgesetzt.

Flächendiagramm: Dieses ähnelt dem Liniendiagramm, allerdings wird hierbei die Summe aus den einzelnen Linien gebildet. Sinnvoll ist diese Darstellung für eine Trendentwicklung, bei der die beteiligten Faktoren aufgeschlüsselt werden sollen, beispielsweise die Ausgaben verschiedener Bereiche in einer Firma.

Punktdiagramm: Das Punktdiagramm interpretiert Zahlenpaare wie sie beispielsweise bei einer über den Tag verteilten Temperaturmessung anfallen würden, die in regelmäßigen oder unregelmäßigen Zeitintervallen stattfindet. Hier gibt es immer einen Zeitwert, kombiniert mit einem Meßwert. Anders als im Liniendiagramm sind die Linien nicht daran gebunden, von links nach rechts zu verlaufen, sondern sind frei in der Linienführung.

In Illustrator werden die Datenpaare in zwei Spalten nebeneinander eingegeben. Bei dieser Diagrammart ist auch die Funktion „XY vertauschen" in dem Datenfenster aktiv. Hierbei werden zwei nebeneinanderliegende

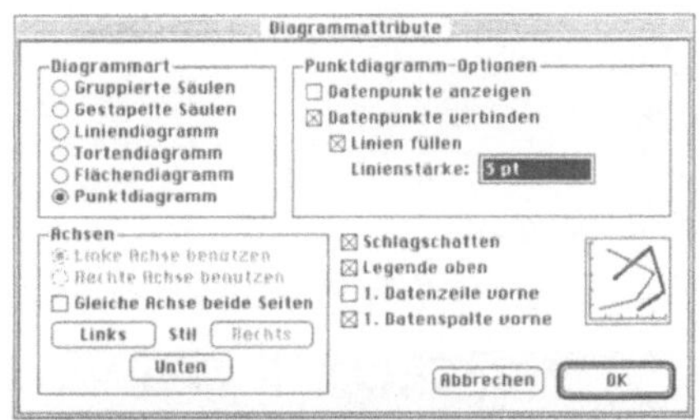

Das Punktdiagramm erwartet immer ein Zahlenpaar. Ideal ist diese Darstellungsart für alle technischen Anwendungen, wie die Präsentation von Messungen.

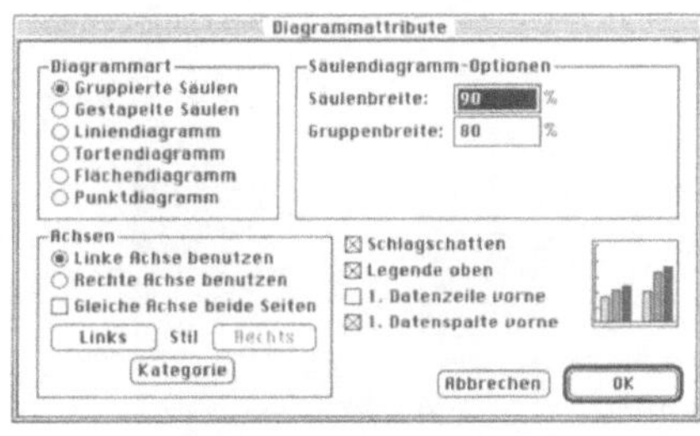

Spalten vertauscht, was die Ausrichtung der Linien ändert.

Säulendiagramm: Dies ist wohl, neben dem Tortendiagramm, die häufigste Darstellungsform, um mehrere Daten zu vergleichen. In Illustrator lassen sich auch Säulendiagramme mit mehreren überlappenden Säulenpaaren gestalten.

Illustrator

Wenn Sie zum ersten Mal mit Illustrator ein Diagramm erstellen, erfahren Sie in den folgenden Abschnitten die

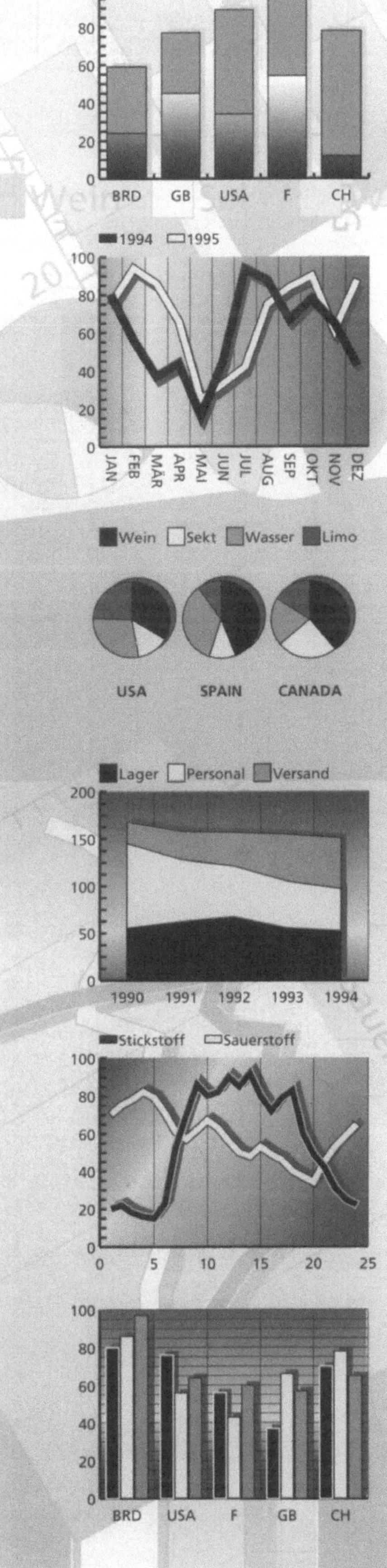

Von der Idee zur Gestaltung: Die einzelnen Schritte, um in Illustrator ein Diagramm zu gestalten

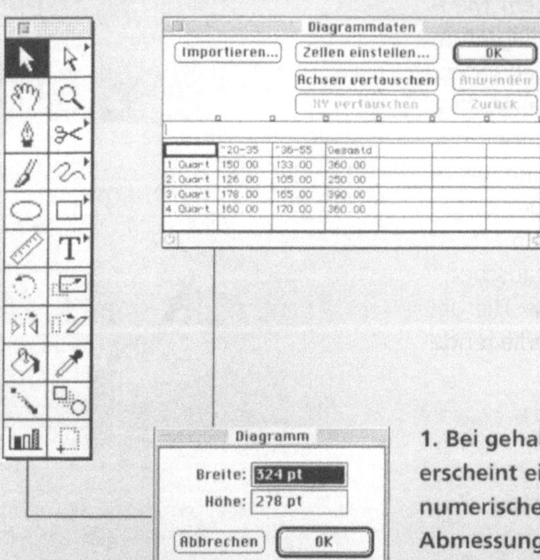

2. In die Datenfelder werden die Beschriftung und die Werte wie in einer Tabellenkalkulation eingegeben.

1. Bei gehaltener Wahltaste erscheint ein Dialog zur numerischen Eingabe der Abmessungen.

3. Einzelne Elemente des Diagramms lassen sich mit dem Einzelauswahlpfeil anwählen und verändern. Diese Vorgehensweise stellt sicher, daß die Daten editierbar bleiben.

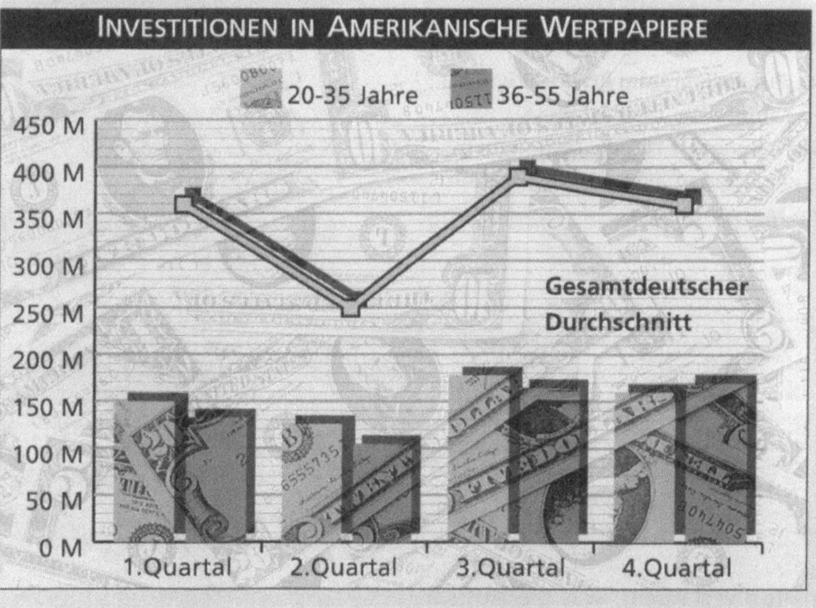

4. Wenn alle Elemente eines zusammengehörigen Datensatzes ausgewählt wurden, kann in den Attributen eine andere Darstellungsform gewählt werden. So lassen sich verschiedene Diagrammtypen mischen.

6. In Illustrator wurden die zusammengehörigen Elemente vereint („Verknüpfte Pfade"), auf eine eigene Ebene gestellt und als Masken für die Fotos verwendet.

5. In Photoshop wurde ein Foto über „Helligkeit/Kontrast" in drei Varianten gespeichert und in Illustrator plaziert.

wichtigsten Grundlagen, um mit dieser Funktion umgehen zu können.

Durch Aufziehen eines Rahmens mit dem Diagramm-Werkzeug definieren Sie die **Abmessungen** der Grafik. Bei gehaltener Wahltaste öffnet ein Klick auf die Arbeitsfläche einen Dialog, in dem die Dimensionen numerisch eingegeben werden können.

Die Diagrammart läßt sich nachträglich noch ändern, vorausgesetzt die Grafik bleibt die ganze Zeit über gruppiert. Einzelne Attribute in der Grafik können über den Einzelauswahlpfeil (weißer Mauspfeil) angewählt und geändert werden.

Über das Untermenü „Diagramm" lassen sich die Dialoge für die Daten und die Attribute aufrufen. Der Dialog für die **Diagrammdaten** sieht aus wie eine Tabellenkalkulation, mit Datenzeilen und -spalten. Geben Sie Ihre Daten ein, wobei über die Funktion „Achsen vertauschen" Datenzeilen nachträglich zu Datenspalten, und umgekehrt, gemacht werden können. Wichtig ist diese Funktion für die Umsetzung der Daten, denn abhängig von der gewählten Diagrammart müssen die Daten in Zeilen oder Spalten eingegeben werden.

Texteingabe ist in den Datenfeldern auch möglich. Verwenden Sie dazu die erste Datenzeile oder die erste Datenspalte. Sollen beide Achsen beschriftet werden, bleibt das linke obere Datenfeld frei. Da manchmal die Beschriftung aus Jahreszahlen besteht, setzen Sie die Zahlen in Anführungszeichen, damit Illustrator diese als Text behandelt (die Anführungszeichen werden nicht dargestellt).

Diagrammart und Attribute legen die Gestaltung der Daten fest. Entscheidend ist, ob die Daten in einer Zeile oder in einer Spalte eingegeben wurden. Im Prinzip erhält jede Spalte eine eigene Farbe. Ist nur eine einzelne Datenzeile eingegeben, wird jeder Eintrag mit einer eigenen Farbe versehen, da Illustrator diese wie mehrere Spalten mit einem einzigen Eintrag behandelt. Sind dagegen alle Werte in einer Spalte eingetragen, erhalten sie alle dieselbe Farbe. Dies hat zudem Einfluß auf die Legende: Alle Werte einer Datenzeile werden als Gruppe betrachtet, in der Legende werden die Farben und deren Bedeutung aufgelistet. Die Beschriftung einer Spalte wird unterhalb der X-Achse plaziert.

Abhängig von der Diagrammart erscheinen **Optionen** im **Dialog.** Beispielsweise haben Sie die Möglichkeit, bei einem Säulendiagramm die Säulen- und Gruppenbreite einzustellen. Sind beide auf 100% gesetzt, schließen diese nahtlos aneinander. Wollen Sie etwas Zwischenraum, müssen beide Parameter kleiner als 100% sein. Ebenfalls für das Säulendiagramm wichtig ist die Einstellung „1. Datenzeile vorne" und „1. Datenspalte vorne". Diese definieren bei überlappenden Säulen, welche der Säulen vorne liegt.

Achsenattribute: Über das Feld „Achsen", in dem Dialog „Diagrammart", bestimmen Sie auf welcher Seite die Achsenbeschriftung erfolgen soll. Die Achsenattribut-Dialoge sind für die linke und rechte sowie für die Kategorie-Achse identisch. Der erste Bereich ist für die Achsenwerte: Diese lassen sich aus den Daten automatisch berechnen oder vorgeben, wobei hierfür noch ein Zusatztext eingegeben werden kann.

Im Feld „Teilstriche" läßt sich bestimmen, ob nur Hauptteilstriche auf der Achse gezeichnet werden, gegebenenfalls mit Teilstrichen pro Unterteilung, oder ob Gitternetzlinien zum Einsatz kommen.

Diagrammarten mischen: Alle Diagrammarten, mit Ausnahme des Punktdiagramms, können miteinander kombiniert werden. So ist beispielsweise denkbar, für eine Datengruppe eine Liniengrafik, und für eine andere Datengruppe eine Balkengrafik zu wählen. Dazu aktivieren Sie alle Elemente innerhalb der Grafik, die zu einer Datengruppe gehören, also auch die

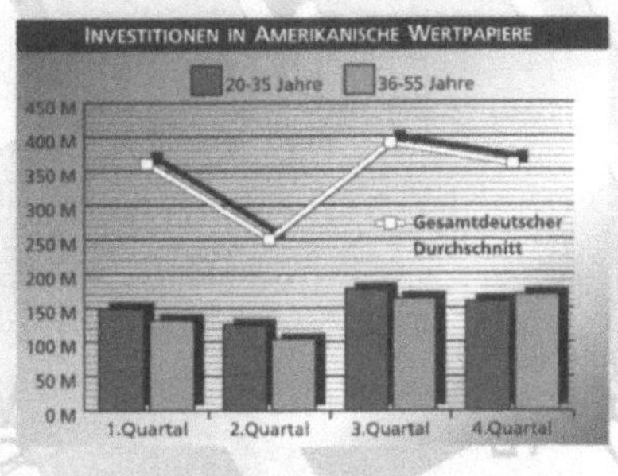

BENÖTIGTE SOFTWARE:

ILLUSTRATOR

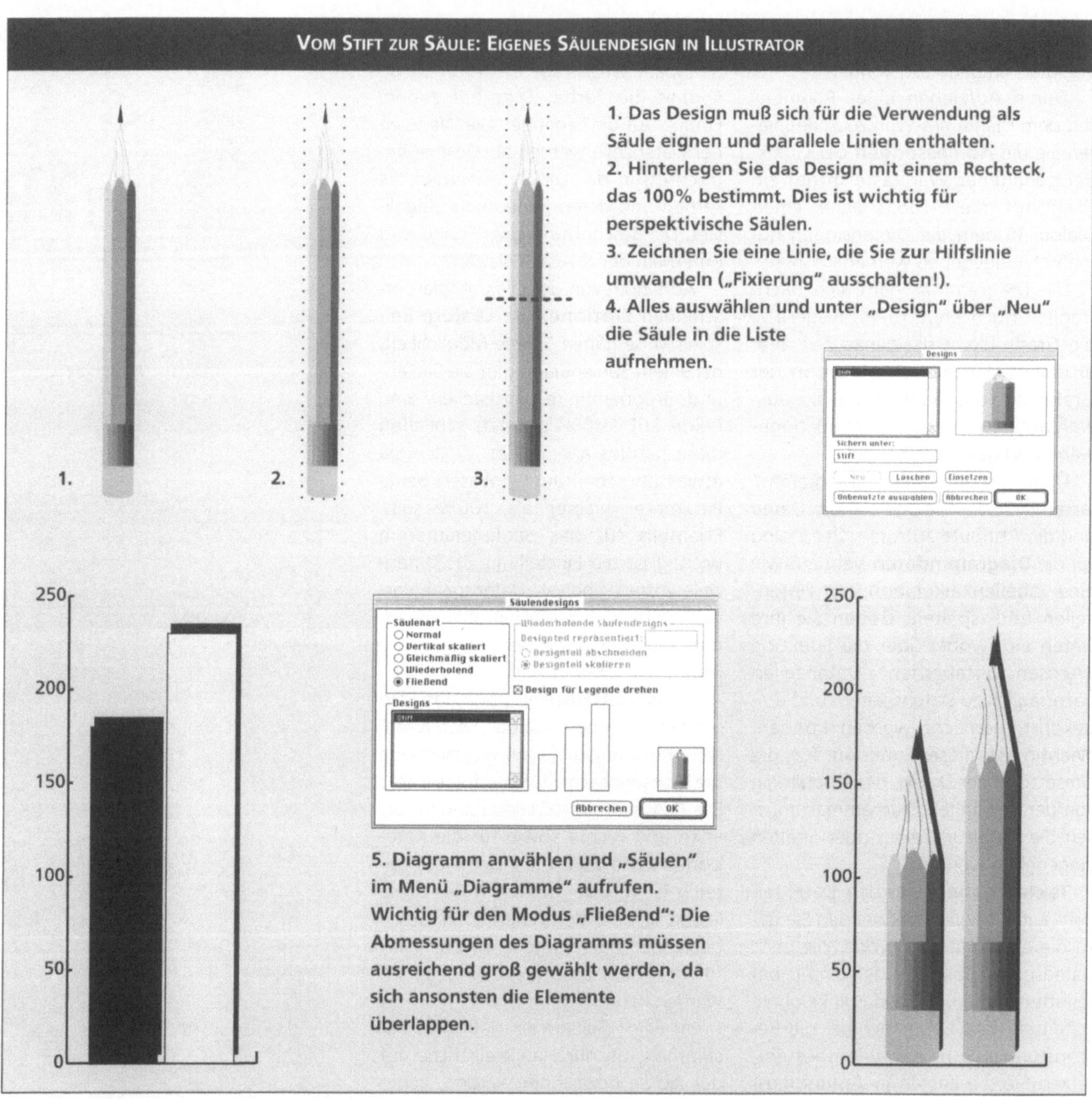

korrespondierende Legende. Sind alle Punkte ausgewählt, kann über „Diagrammart" für diese Daten eine andere Darstellung gewählt werden.

Diagramme mit eigenem Design

Sie sind in Illustrator nicht an die Standardsäulen oder Datenpunkte gebunden, sondern können eigene Gestaltungen entwickeln. Hierüber lassen sich wirklich erstklassige Informationsgrafiken realisieren. Auf den Illustrator-Originaldisketten befindet sich bereits ein Dokument mit Beispielen.

Was ist zu beachten, wenn Sie eine eigene Säule entwerfen wollen? Da die Säule skalierbar sein soll, wird über eine Hilfslinie definiert, an welcher Stelle sie auseinandergezogen wird. Dies ist nicht mit allen Objekten möglich, ein Dreieck läßt sich zum Beispiel nicht trennen, da hier keine Stelle mit parallelen Linien vorhanden ist. Ideal ist beispielsweise ein Stift, da dieser parallele Linien hat. Er sieht nach dem vertikalen Skalieren immer noch aus wie ein Stift. Das einzige, was es zu beachten gibt, wenn Sie mit einem eigenen Säulendesign arbeiten und den Modus „Fließend" verwenden wollen, ist, daß das Diagramm von den Abmessungen her ausreichend groß angelegt und erst später verkleinert wird. Der Grund: Sind die Dimensionen des Diagramms kleiner als das Originaldesign der Säule, kann es zu bösen Überraschungen kommen: Die Elemente ober- und unterhalb der Schnittkante werden übereinandergeschoben, denn Illustrator skaliert nicht das Originaldesign, sondern verschiebt nur die Elemente. Sind die Abmessungen zu klein gewählt, überlappen diese sich unweigerlich.

Wenn Sie nun eine Säule gestaltet haben, zeichnen Sie ein Rechteck, das Sie ganz hinter die Säule stellen (es sollte keine Farbattribute haben). Dieses Rechteck definiert, welcher Bereich der Säule 100% entspricht. Wichtig ist dies für perspektivische Säulen, da nur die Seitenlinien der Säule 100% repräsentieren. Soll die Säule auch für eine „fließende" Darstellung Verwendung finden, muß über eine kurze Linie, die zur Hilfslinie umgewandelt wird, die Trennlinie bestimmt werden. Achten Sie darauf, daß Hilfslinien nicht auf „Fixieren" gestellt sind (Menü „Objekt: Hilfslinien: Fixieren"), da sonst später beim Auswählen die Hilfslinie nicht anwählbar ist.

Aktivieren Sie Ihre Säule, die Hilfslinie und das Rechteck, bevor Sie das Dialogfenster „Design" aufrufen. Hier klicken Sie auf „Neu", um die Säule in die Liste der Designs aufzunehmen.

Um nun die Säule für Ihr Diagramm einzusetzen, wählen Sie das Diagramm an und rufen in dem Menü „Objekt" den Eintrag „Diagramme: Säulen" auf. Wählen Sie im Dialog eine der Säulenarten auf.

Vertikal skalieren vergrößert über das Skalieren-Werkzeug die Säule. Dabei kommt es aber manchmal zu unerwünschten Verzerrungen. Erlaubt es die Säulengestaltung, verwenden Sie „Fließend".

Gleichmäßig skalieren entspricht einer Skalierung in beide Richtungen: Die Säule geht nicht nur in die Höhe, sondern auch in die Breite.

Bei **Wiederholend** stellen Sie ein, welchem Wert ein Element entspricht. Da es oft vorkommt, daß Zwischenwerte umgesetzt werden müssen, haben Sie die Wahl zwischen einem abgeschnittenen Grundelement oder einem vertikal verkleinerten.

Fließend ist der Modus, bei dem die Säule an dem definierten Trennstrich auseinandergezogen wird.

Dies sind nun alle wesentlichen Informationen, um mit der Diagrammfunktion von Illustrator umgehen zu können. Zum Importieren in ein Layoutprogramm speichern Sie die Datei noch als EPS-Datei.

FreeHand

Hier nun einige Tips für FreeHand-Anwender, wie Sie Datenkolonnen umsetzen. FreeHand besitzt zwar keine Diagrammfunktionen, aber bis auf die Tortendarstellung lassen sich alle anderen Arten fast ebenso schnell umsetzen. Grund dafür ist, daß FreeHand in der Zentralpalette für jedes Objekt seine Koordinaten anzeigt und auch gestattet, diese einzugeben. So entspricht die Seite einem großen Koordinatensystem und alles, was Sie machen müssen, ist, ausreichend Grundelemente zu plazieren und diese dann über die Zentralpalette zu verschieben.

Der Nullpunkt der Seite ist normalerweise links unten. Wenn Sie den Nullpunkt neu setzen wollen, rufen Sie die Lineale auf und ziehen aus dem Eckpunkt (des horizontalen und vertikalen Lineals) ein Fadenkreuz auf die Arbeitsfläche. Die Lineale werden entsprechend angepaßt.

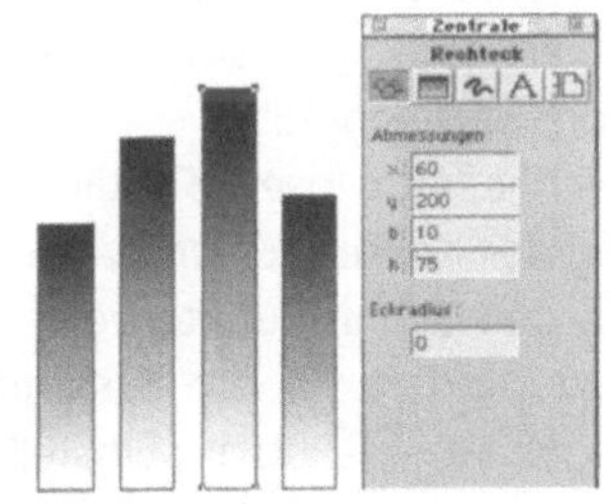

Säulendiagramm: Fangen Sie mit einem Rechteck an, das Sie über die Zentralpalette positionieren (Y-Wert auf Null). Verschieben Sie das Rechteck

Benötigte Software:

Illustrator

und – bei gehaltener Maustaste – drücken Sie Umschalt- und Wahltaste gleichzeitig. Über diese Tastenkombination erzeugen Sie beim Verschieben eine Kopie und schränken gleichzeitig die Bewegungsrichtung auf die horizontale Achse ein. Die so kopierte Säule kann nun über „Verdoppeln" mehrfach dupliziert werden. Anschliessend wählen Sie jede einzelne Säule an und geben den Wert für die Höhe in der Zentralpalette ein. Haben Sie große Zahlen, teilen Sie diese durch einen 10er-Faktor.

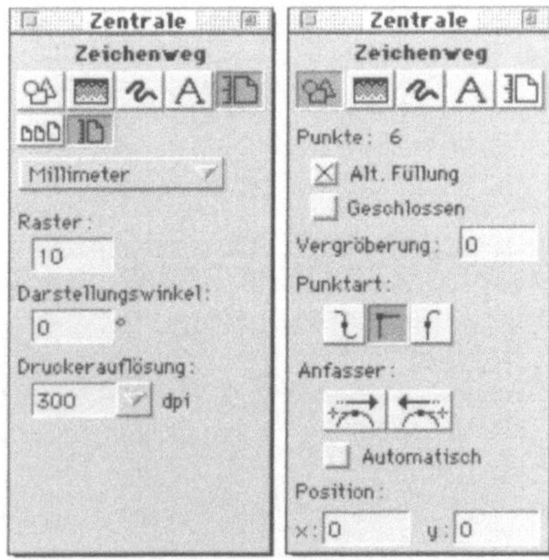

Links: Hier definieren Sie den Rasterabstand für das Dokument. Rechts: Über die Y-Position wird der Punkt an die richtige Stelle gesetzt.

Liniendiagramm: Ein Liniendiagramm erstellen Sie ähnlich wie ein Säulendiagramm. Anstatt einer Säule setzen Sie einen Punkt auf die Arbeitsfläche. Über „Verdoppeln" kopieren Sie diesen Punkt. Da dieser leicht versetzt wieder eingesetzt wird, muß er auf die neue Position verschoben werden. Als Hilfe für die Positionierung lassen Sie sich ein Raster darstellen, und wählen Sie „Positionierhilfe: Raster". Den Abstand des Rasters legen Sie in der Zentralpalette fest (unter dem Dokumentsymbol). Über „Verdoppeln" wird nun der Punkt immer weiter kopiert und um den gleichen Wert versetzt. Anschließend wählen Sie je zwei Punkte mit einem Auswahlrahmen aus und verbinden diese (Befehlstaste-J). Wenn Sie nun einen Punkt der Linie auswählen, können Sie in der Zentralpalette den Y-Wert eingeben und erhalten so ein Liniendiagramm.

Tortendiagramm: Dies ist der einzige Typ, der in FreeHand kompliziert zu gestalten ist. Im Prinzip wird ein Kreis gezeichnet und eine Linie vom Mittelpunkt bis zum Kreisbogen gezogen. Diese Linie „Klonen" und rotieren Sie, wobei jedesmal mit dem Rotieren-Werkzeug das Rotationszentrum be-

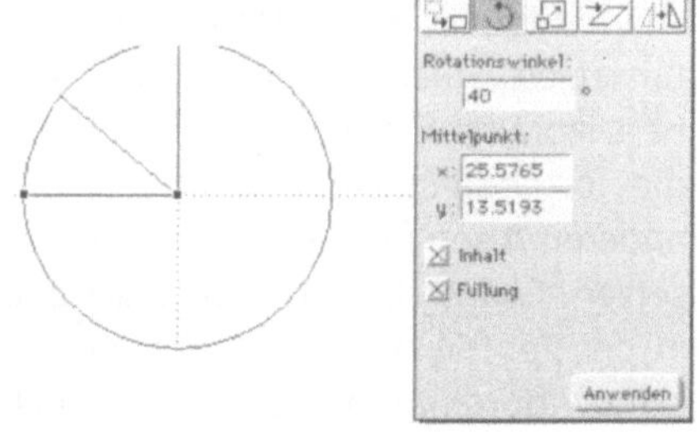

Die Linie wird kopiert und über die Palette numerisch rotiert.

stimmt werden muß, da sonst der Mittelpunkt der Linie als Zentrum eingesetzt wird. Die Rotationswerte für die Linien lassen sich mit einer einfachen Formel errechnen: 360° geteilt durch die Summe aller Werte, ergibt einen Winkelfaktor. Dieser Faktor muß mit jedem Wert multipliziert werden, um den Rotationswinkel zu ermitteln. Beispielsweise: 360° : 120 = 3 (120 entspricht der Summe aller Werte). Für ein Tortenstückchen mit dem Ausgangswert 15, ergibt sich folglich ein Rotationswert von 45°.

Abschließend lösen Sie die Gruppierung des Kreises auf und zerschneiden an den Schnittpunkten die Kreislinie. Verbinden Sie die zusammengehörigen Punkte über „Einstellung: Objekte verbinden". Störende Kreissegmente blenden Sie temporär aus.

Mehr Räumlichkeit mit Dimensions

In zunehmendem Maße werden Informationsgrafiken immer aufwendiger gestaltet, und wenn eine einfache 2D-Umsetzung für Ihren Kunden nicht mehr ausreicht, bietet sich an, den Grafiken in Adobe Dimensions die nötige dritte Dimension zu geben.

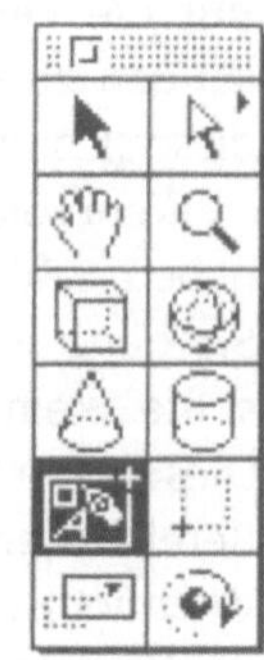

Um in Dimensions eine 3D-Grafik zu gestalten, speichern Sie die Säulen oder Linien, ohne die Beschriftung, als eigene Datei ab. Mit dem Grafik-Werkzeug in Dimensions ziehen Sie einen Rahmen auf – es öffnet sich daraufhin eine neue Zeichenebene, in die Sie dann die Elemente über „Datei: Importieren" laden. Die Prozesse und die Palette sind sehr an Illustrator angelegt. Beispielsweise ist die Farbpalette fast identisch. Der einzige Unterschied besteht in den Einstellmöglichkeiten für

das Material. Hier können Sie zwischen Matt und Glänzend regeln oder das Umgebungslicht bestimmen. Je nach eingestellten Attributen muß die optimale Anzahl von Verlaufsstufen neu ermittelt werden. Meistens werden Sie jedoch mit 256 Stufen enden.

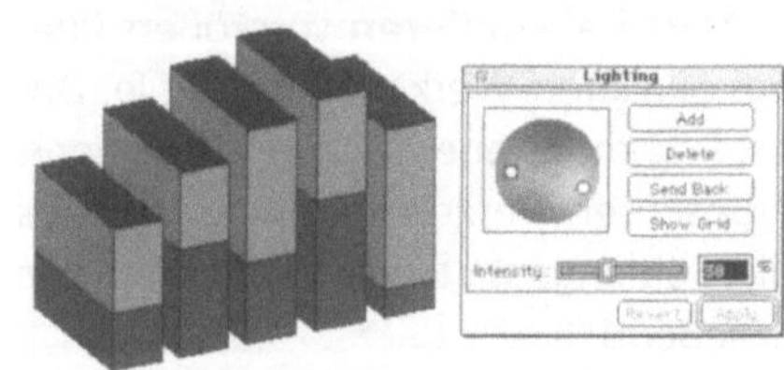

Für Strahler (Spotlichter) auf dem Objekt gibt es eine eigene Palette, in der die Strahler durch Punkte auf einer Kugel repräsentiert werden. Diese Punkte lassen sich verschieben, neue hinzufügen oder löschen.

Adobe Dimensions gestaltet Schatten durch Hinzufügen von Schwarz. Dies ist etwas problematisch, da die Diagramme leicht zu dunkel werden. Es muß hier immer die Balance zwischen Umgebungslicht und Strahler gefunden werden.

In dem Hauptfenster sind mehrere Aufklappmenüs: Das erste (links) ist für die Art der Darstellung, die Sie entsprechend der Anwendung anwählen, beispielsweise den Drahtgitter-Modus zum Positionieren.

Das zweite Aufklappmenü ist für die Perspektive. Verlassen Sie sich nie auf ihr räumliches Vorstellungsvermögen: Wenn Sie zwei Objekte paßgenau plazieren wollen, gehen Sie stattdessen durch die drei Ansichten „Oben", „Rechts" und „Vorne".

Das dritte Aufklappmenü ist für die Objektlinse der fiktiven Kamera.

Nach Abschluß aller Einstellungen muß die Grafik exportiert werden, um wieder in Illustrator ladbar zu sein. In Illustrator passen Sie die Beschriftung des Diagramms über das Verzerren-Werkzeug an. Klicken Sie in den Nullpunkt des Koordinatensystems ihres Diagramms und fassen Sie den rechten

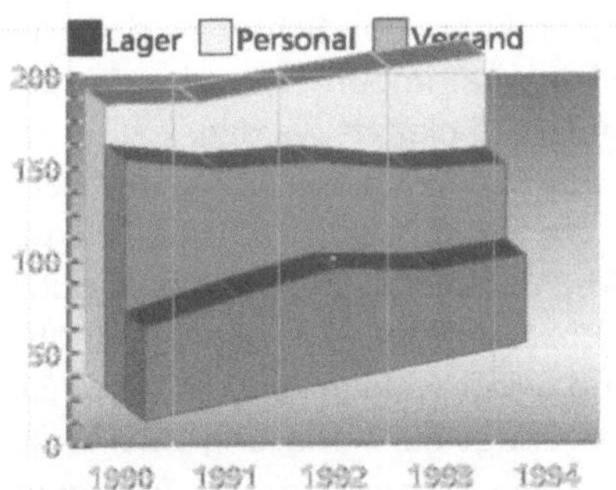

In Illustrator: Die Beschriftung auswählen und mit dem Verzerren-Werkzeug an die Diagrammform anpassen.

unteren Punkt. Bei gehaltener Maus- und Umschalttaste verschieben Sie den rechten Punkt auf der vertikalen Achse. Unter Umständen muß über das Skalieren-Werkzeug das Diagramm oder die Beschriftung noch angepaßt werden. Als EPS-Datei gespeichert, ist das Diagramm in einem Layoutprogramm ladbar. Es folgen noch einige Anmerkungen zu den Diagrammtypen.

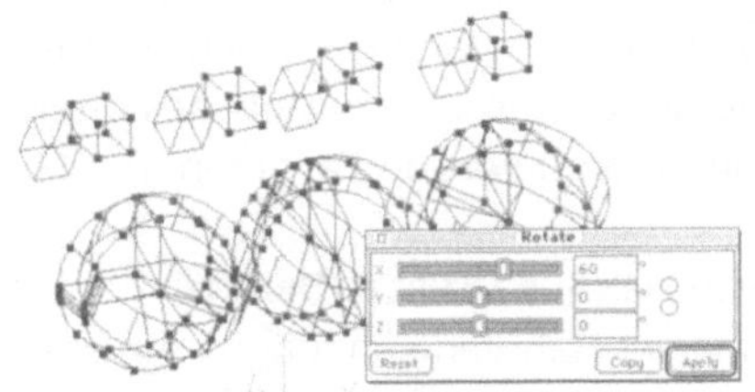

Liniendiagramm: In Illustrator muß, in den Diagramm-Attributen für das Liniendiagramm, „Umrißlinie" eingestellt sein.

Tortendiagramm: Da die Torten in der Regel liegend präsentiert werden, müssen diese noch gedreht werden, was Sie am besten über die Palette machen. Schalten Sie auf „Oben", wenn Sie Tortenstückchen herausziehen.

Flächendiagramm: Illustrator gestaltet die Kurven als sich überlappende Flächen. Entweder ändern Sie das bereits in Illustrator oder Sie versetzen die einzelnen Objekte, wie rechts in dem Beispiel, nachdem Sie diese skaliert haben („Oben"-Ansicht verwenden).

Noch eine Anregung zum Schluß: Es läßt sich in Dimensions die Kantenform frei gestalten. Dies wurde in dem Beispiel rechts bei den gruppierten Säulen gemacht.

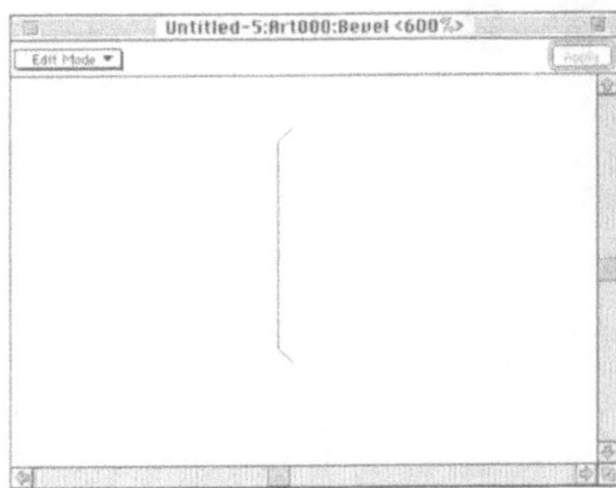

Die Kantenform eines Objektes wird in einem normalen Zeichenfenster bestimmt, das über die Palette aufgerufen wurde.

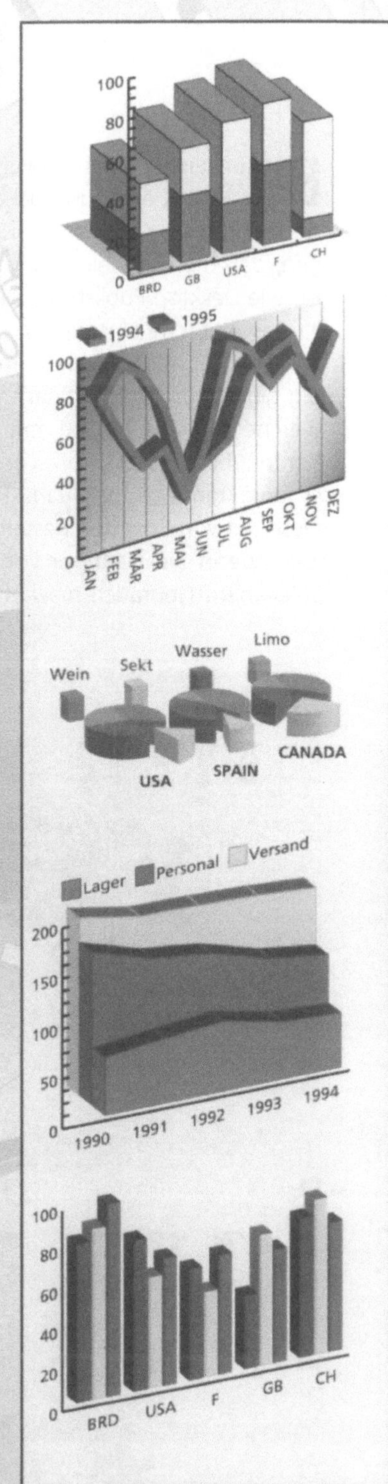

Benötigte Software:

Illustrator und Dimensions

Weicher Schlagschatten

Ein künstlicher Schattenwurf gibt einem Layout eine zusätzliche Dimension, und man kann wohl zu recht sagen, daß dieses Stilelement fast so alt ist, wie Desktop Publishing. Inzwischen ist das einfache Unterlegen mit einer 30%igen Graufläche nicht mehr flippig genug. Immer häufiger sieht man weiche Schlagschatten mit sanften Kantenübergängen. Inzwischen gibt es schon Extensions für QuarkXPress, die diese Art von Schatten gestalten. Speziell, wenn Sie häufiger von diesem Stilelement Gebrauch machen wollen, sollten Sie sich „ShadowCaster" kaufen. Aber wenn Sie Photoshop oder ein Grafikprogramm besitzen, können Sie selber diese Schatten gestalten. Hier also nun einige Varianten.

Schatten für mehrere Objekte

Eine der Hauptanwendungen für einen Schlagschatten ist die Einbindung in ein Layout. Hier wird eine einfache Lösung beschrieben, die sich speziell eignet, wenn mehrere Objekte gleichzeitig einen weichen Schatten erhalten sollen: Gestalten Sie Ihre Seite, und wählen Sie den Bildschirmausschnitt so, daß alle Elemente, die einen Schatten bekommen sollen, zu sehen sind. Anschließend erzeugen Sie eine Bildschirmkopie (Befehlstaste-Umschalttaste-3 bei Macintosh), die Sie in Photoshop laden. Hier wird das Bild bis auf die gewünschten Objekte beschnitten und in den Graustufen-Modus umgewandelt. Mit dem Zauberstab wählen Sie die weiße Fläche aus. Bereiche, die der Zauberstab nicht erfaßt hat, lassen sich bei gehaltener Umschalttaste hinzufügen – dies ist speziell bei Textelementen nötig. Anschließend invertieren Sie die Auswahl (Menü: „Auswahl: Auswahl umkehren"), damit alle Objekte ausgewählt sind. Über „Fläche füllen" aus dem Bearbeiten-Menü kann die Fläche mit der Vordergrundfarbe gefüllt werden (25–40% Schwarz). Bevor der „Gaußsche Weichzeichnungsfilter" angewendet wird (Menü „Filter: Weichzeichnungsfilter"), muß die Auswahl aufgehoben werden, da sonst kein Effekt zu sehen ist.

In QuarkXPress oder Adobe PageMaker kann der Schatten dann im TIFF-Format importiert und unter den Elementen plaziert werden.

Ein Nachteil dieser Vorgehensweise ist die begrenzte Auflösung (72 dpi Bildschirmdarstellung), was aber durch Hochsetzen der Auflösung in Photoshop gelöst werden kann. In vielen Fällen genügt die Auflösung von 72 dpi (Bildschirmdarstellung), bei Zweifel erhöhen Sie die Auflösung nachträglich in Photoshop über „Bildgröße".

Für diesen Schlagschatten mehrerer Objekte wurde eine Bildschirmkopie erzeugt und in Photoshop geladen ...

... und dort die weiße Fläche ausgewählt, die Auswahl umgekehrt und anschließend gefüllt. Mittels „Gaußschem Weichzeichner" wurde der weiche Verlauf gestaltet.

Schatten für einzelne Objekte

Ist der Schatten beispielsweise für Text-Objekte in Illustrator oder FreeHand gedacht, konvertieren Sie diese, durch Öffnen in Photoshop, in ein Pixelformat (FreeHand-Dateien müssen dazu im Illustrator-Format abgespeichert sein). Da nach dem Konvertieren die

Arbeitsfläche exakt den Abmessungen des Objektes entspricht, vergrößern Sie die Arbeitsfläche, entweder durch Unterlegen der Objekte innerhalb des Grafikprogrammes mit einer weißen Fläche, oder nach dem Konvertieren über die Funktion „Arbeitsfläche" in Photoshop.

Ist die Vorlage in Schwarz, setzen Sie über Helligkeit/Kontrast (Menü „Bild: Einstellen") die Helligkeit auf +100. Der Kontrastregler bestimmt nun die Helligkeit der Schrift: Verschieben Sie diesen nach links, um den Schatten immer mehr aufzuhellen.

bende Auswahl" und kann durch Klick auf das „Neue Ebenen"-Symbol (linkes unteres Symbol) in der Palette zu einer eigenen Ebene umgewandelt werden. Als Modus für den Schatten wählen Sie „Multiplizieren". Hierbei multipizieren sich die Farbwerte der Schatten-Ebene mit der des Hintergrundes, wobei Weiß dem Wert Null entspricht und deswegen keine Auswirkung hat. Tip: Eventuell muß der Kontrast hochgesetzt werden, damit der Schatten zur Geltung kommt.

Wird der Schatten auf einer Textur mit einer unregelmäßigen Oberfläche

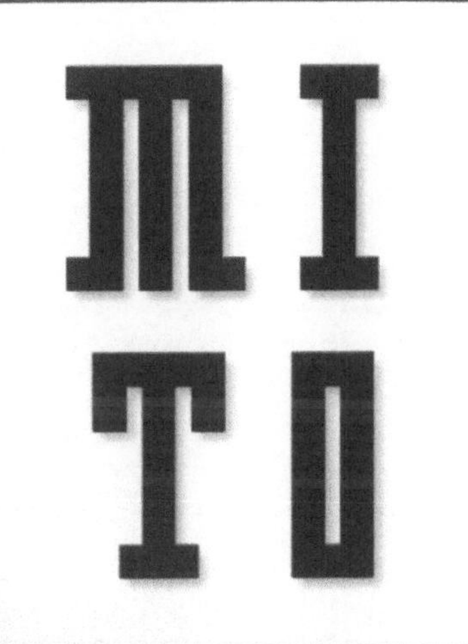

Benötigte Software:

Photoshop

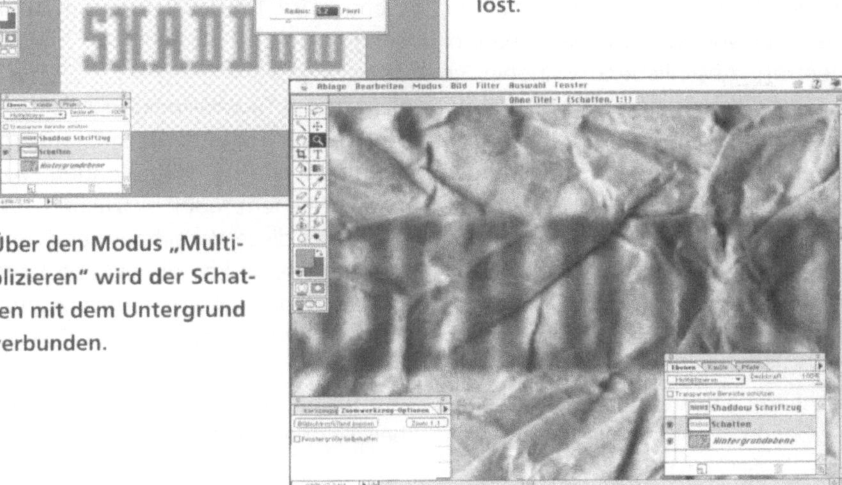

Der Schatten wurde auf einer eigenen Ebene plaziert, die harten Kantenübergänge wurden mit dem „Gaußschen Weichzeichner" aufgelöst.

Über den Modus „Multiplizieren" wird der Schatten mit dem Untergrund verbunden.

Für das weiche Auslaufen des Schattens verwenden Sie wieder den Filter „Gaußscher Weichzeichner" (Menü „Filter: Weichzeichnungsfilter"), wobei über den Radius bestimmt wird, wie sanft der Schatten ausläuft.

Schatten auf Foto-Hintergrund

Soll der Schatten auf einem anderen Foto plaziert werden, wählen Sie den Schatten über „Alles auswählen" aus, und ziehen Sie diesen auf eine andere geöffnete Datei. In der Ebenenpalette (Menü „Fenster: Paletten") der Zieldatei erscheint die Auswahl als „Schwe-

plaziert, beispielsweise ein Scan von zerknülltem Papier, muß der Schatten der Struktur angepaßt werden, um eine realistische Wirkung zu erzielen. Über den Filter „Verbiegen" (Menü „Filter: Verzerrungsfilter") verzerren Sie den Schatten, wobei Sie hier in der Verzerrungslinie zusätzliche Punkte einfügen können.

Schatten auf Foto-Hintergrund direkt im Layoutprogramm

Soll in einem Layoutprogramm ein Objekt einen Schatten erhalten, das gleichzeitig auch noch auf einem anderen

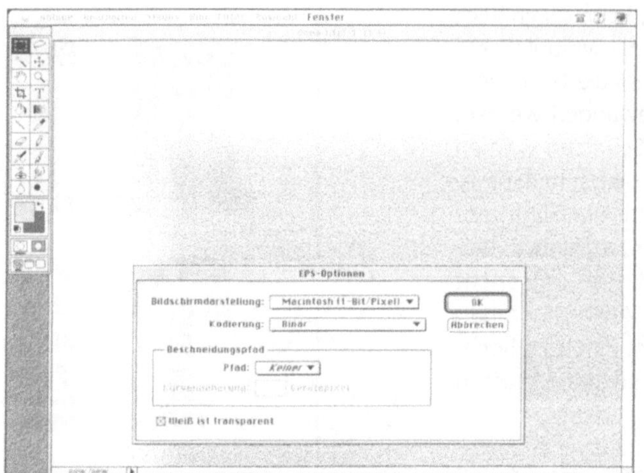

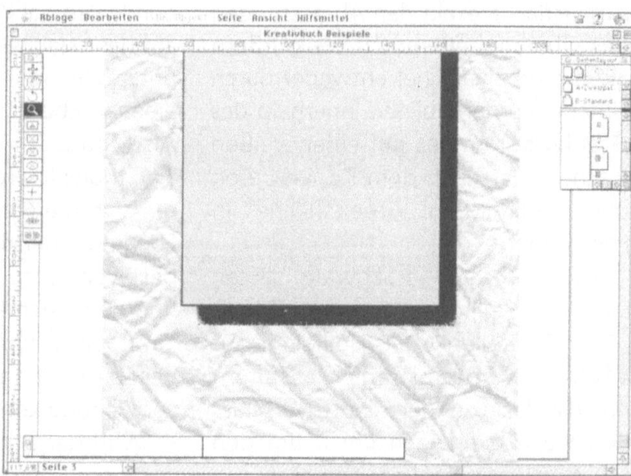

Mittels einer Bitmap-Dither-Fläche läßt sich in einem Layoutprogramm eine transparente Schattenfläche auf einem Fotountergrund gestalten. Ideal für Druckerzeugnisse wie Magazine, die unter chronischem Zeitdruck entstehen und ständigen Änderungen unterworfen sind, oder Präsentationen.

Bild plaziert ist, kann dies leicht zu einer komplexen und komplizierten Aufgabe in Photoshop werden. Dies läßt sich mit folgendem Tip vermeiden, der darüberhinaus auch noch den Vorteil völliger Flexibilität hat: Legen Sie den Schatten, wie in den vorigen Abschnitten besprochen, an. Anschließend wandeln Sie den Schatten in den Bitmap-Modus. Diese Fläche kann in ein Layoutprogramm geladen und auf dem Foto plaziert werden. **Wichtig:** Damit kein Moiré entsteht, muß beim Umwandeln in Bitmap der Modus „Diffusion Dither" verwendet werden, der die Grauwerte durch einen Zufallsraster erzielt. Adobe Pagemaker Anwender speichern die Fläche in Photoshop als EPS-Datei, mit der Option „Weiß ist Transparent", ab.

Ein weiterer wichtiger Punkt ist die Auflösung. Optimal ist die halbe Belichtungsauflösung (bei 2400 dpi also 1200 dpi). Je nach Größe der Fläche entsteht dabei eine riesige Datei. Alternativ verwenden Sie 1/4 der Belichtungsauflösung.

Schatten in Grafikprogrammen

Ein weicher Schatten ist in Grafikprogrammen durch Überblenden von zwei Zeichenpfaden erzielbar. Bei Schrift ist diese Vorgehensweise aber stellenweise so kompliziert und komplex, daß man lieber darauf verzichtet. Die Gestaltung eines weichen Schlagschattens in einem Grafikprogramm ist nur für einfache Formen sinnvoll, um beispielsweise Bilderrahmen zu hinter-

Rechts: Schatten, gebildet aus einem Rechteck mit abgerundeten Ecken versus mit normalen Ecken. Unten: In FreeHand wird die Zahl der Stufen in der Zentralpalette festgelegt, in Illustrator erscheint ein Dialog nach dem Anwählen der Punkte mit dem Angleichen-Werkzeug.

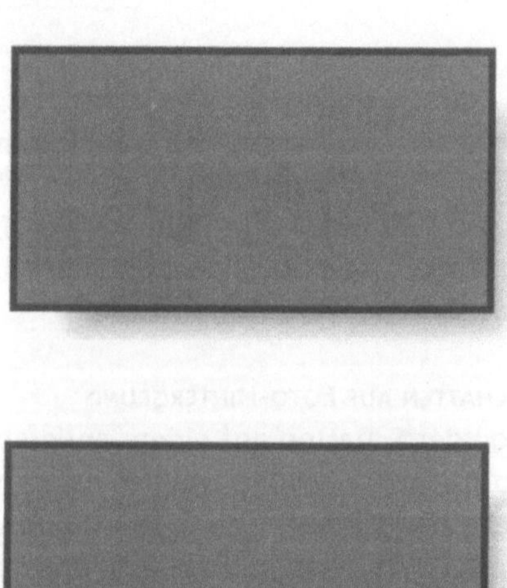

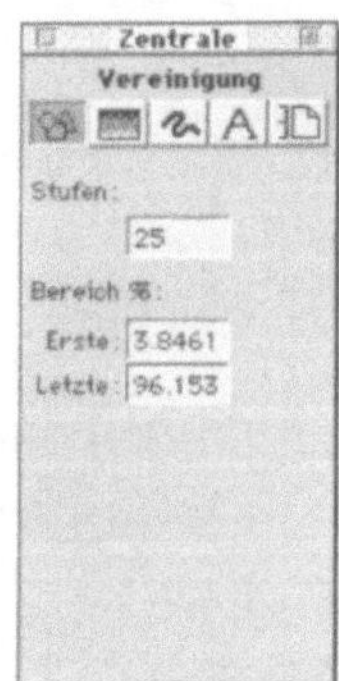

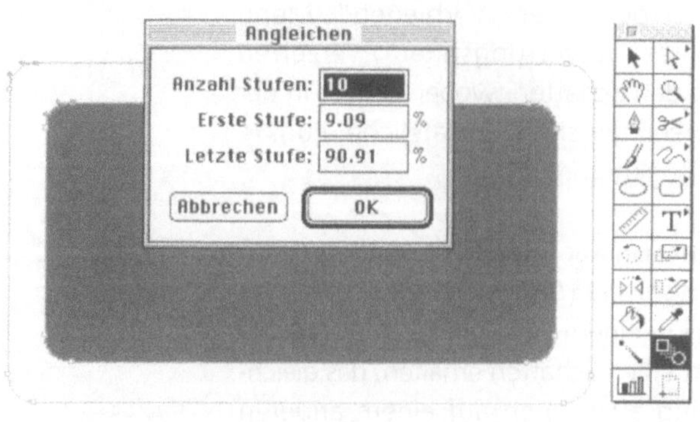

legen. Der Schatten in der Abbildung wurde durch Überblenden von zwei Rechtecken gestaltet (der äußere Rahmen wird mit 0% Kantenfarbe definiert). Der Schatten wirkt natürlicher, wenn als Ausgangsbasis Rechtecke mit abgerundeten Ecken verwendet werden, ansonsten entstehen Streifen an den Eckpunkten des Schattens. Zeichnen Sie zwei Rahmen für den Bereich innerhalb dessen der Verlauf gewünscht ist.

In **Illustrator** wählen sie mit dem Einzelauswahl-Werkzeug (weißer Auswahlpfeil) je einen Punkt aus beiden Rahmen und klicken beide nacheinander mit dem Angleichen-Werkzeug an. In dem erscheinenden Dialog geben Sie die Anzahl der Zwischenschritte an, wobei Sie versuchen sollten, die Zahl möglichst gering zu halten. Erhöhen Sie lieber nachträglich die Linienstärke.

In **FreeHand** wählen Sie ebenfalls je einen Punkt aus beiden Objekten aus und rufen die Vereinigen-Funktion auf (Menü „Einstellungen: Zeichenweg bearbeiten"). Die Zahl der Zwischenschritte regeln Sie über die Zentralpalette.

Painter

Die Gestaltung eines Schlagschattens in Painter ist denkbar einfach, da es eine eigene Funktion gibt. Dazu muß eine Auswahl in einen Schwebebereich umgewandelt sein. Dies geschieht durch Klicken mit dem Schwebebereich-Werkzeug (sieht aus wie eine Hand mit ausgestrecktem Zeigefinger) auf eine Auswahl. Anschließend wählen Sie „Objekte: Schlagschatten erstellen" aus dem Effekte-Menü. In dem erscheinenden Dialog geben Sie die Werte für den Versatz und die Kantenschärfe ein. Der Radius bestimmt die Länge des Schattens, und der Winkel gibt die Richtung an, in die der Schatten geworfen wird.

Der Schatten wird als separater Schwebebereich erzeugt, der mit dem Ausgangsobjekt gruppiert ist. Sollen Schatten und Objekt verschmelzen, wählen sie die Option „Schwebebereich & Schatten vereinen". Es ist auch möglich, den Schlagschatten auf mehrere Schwebebereiche gleichzeitig anzuwenden, dazu müssen alle Objekte vorher gruppiert werden.

Ein weiterer Vorteil von Painter ist die automatische Transparenz: Es kann ohne weiteres der Hintergrund geändert werden, ohne den Schatten neu zu gestalten.

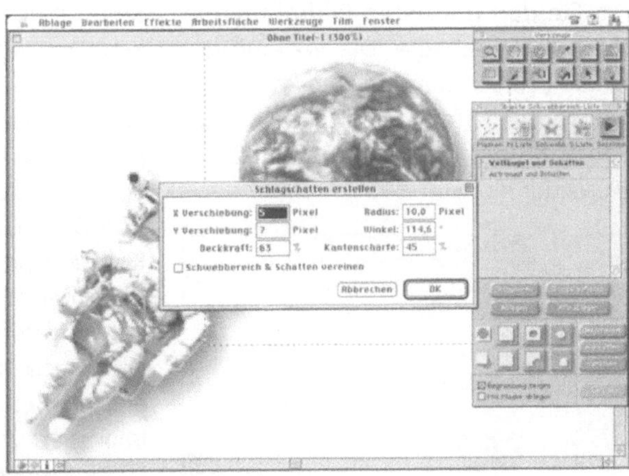

In Painter kann eine Auswahl in einen „schwebenden Bereich" umgewandelt und ein Schlagschatten generiert werden.

Benötigte Software:

Photoshop

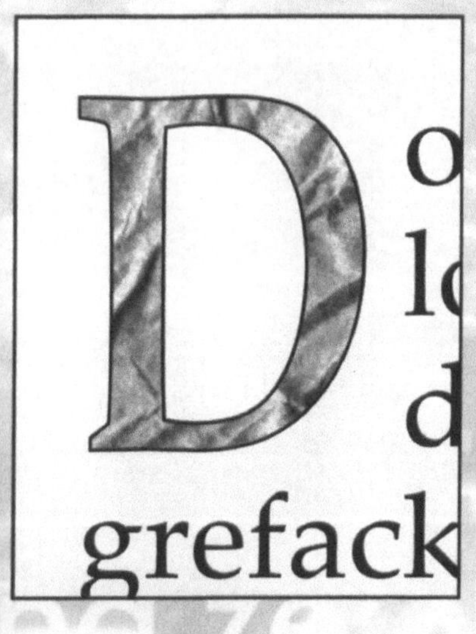

Maskierte Strukturen

Benötigte Software:

Illustrator oder FreeHand

Eine Schrift, die mit einer Struktur oder einem Bild gefüllt ist, kann ein schönes gestalterisches Element sein, beispielsweise für Initialen oder Überschriften. In QuarkXPress läßt sich ein Initial in einem mitfließenden Bildrahmen plazieren, wodurch bei Textänderungen und -verschiebungen der Rahmen immer an der richtigen Position bleibt.

Importieren Sie in QuarkXPress Ihr Initial in einen Bildrahmen, und kopieren Sie den gesamten Bildrahmen in die Zwischenablage. Die Texteinfügemarke (Cursor) plazieren Sie an der gewünschten Stelle und setzen den Rahmen über Einfügen (Befehlstaste-V) wieder ein.

Über Befehlstaste-M erscheint ein Dialog für die Eigenschaften des mitfließenden Rahmens.

Ist der mitfließende Rahmen angewählt, läßt sich über „Objekt: Modifizieren" (Befehlstaste-M) bestimmen, ob der Rahmen an der Oberlänge oder an der Unterlänge des Textes ausgerichtet sein soll. Für hängende Initialen verwenden Sie die Option „Oberlänge".

Um nun mit **Illustrator** eine Struktur zu maskieren, laden Sie das TIFF- oder EPS-Bild in Illustrator (bis Version 5.5 muß dieses Bild als EPS-Datei gespeichert sein). Schreiben Sie den Text, und wandeln Sie diesen in Pfade um (Menü „Text: In Pfade umwandeln"). Sollen mehrere Buchstaben als Maske dienen, müssen diese erst zu einem Objekt verbunden werden: Dazu wählen Sie alle Buchstaben aus und rufen über das Objekt-Menü die Funktion „Verknüpfte Pfade: Erstellen" auf. Über „Bild plazieren" im Ablage-Menü laden Sie das Bild und positionieren es unter dem Text. Wählen Sie Text und Struktur aus, und maskieren Sie die Struktur über das Objekt-Menü („Masken: Erstellen"). Der Text maskiert nun die Struktur, welche über das Einzelauswahl-Werkzeug (weißer Auswahlpfeil) noch verschoben werden kann. Soll der Text eine Kontur erhalten, legen Sie in den Grafikattributen die Konturfarbe und Stärke fest, bevor Sie den Filter "Fläche und Kontur für Maske" aufrufen (Menü „Filter: Erstellen"). Die Grafik als EPS gespeichert, kann anschließend in ein Layoutprogramm importiert werden.

In **FreeHand** ist die Vorgehensweise fast identisch: Zuerst wandeln Sie den Text in die Zeichenwege um (Menü „Schrift: In Zeichenwege umwandeln"). Sollen mehrere Objekte bzw. Buchstaben als Maske dienen, müssen diese erst zu einem Objekt verknüpft werden (Menü „Einstellung: Objekte verbinden"). Über „Datei: Positionieren" laden Sie die Bilddatei, plazieren diese an die gewünschte Position und schneiden dann die Struktur über Befehlstaste-X aus. Die Bilddatei ist nun in der Zwischenablage gespeichert und kann über die Funktion „Innen einfügen" (im Bearbeiten-Menü) in den Text gesetzt werden. Soll die Maske noch einen Rand erhalten, definieren Sie Linienfarbe und -stärke wie üblich über die Zentralpalette.

Texteffekte in Photoshop

Man muß nicht unbedingt Schriftendesigner sein, um individuelle Schriften zu gestalten. Die Filter in Photoshop sind ein wunderbares Mittel, Überschriften zu verfremden.

Da Photoshop nur begrenzte Textgestaltungsmöglichkeiten besitzt, empfiehlt es sich, die Überschrift in Illustrator zu setzen und anschließend in Photoshop zu importieren. Eventuell muß erst noch die Arbeitsfläche in Photoshop vergrößert werden.

Gestalten Sie die Überschriften in FreeHand, speichern Sie diese im Illustrator-Format ab, denn Photoshop kann nur das Illustrator-Format direkt lesen. Beim Konvertieren definieren Sie die Dimension und Auflösung, wobei diese abhängig ist von dem eingesetzten Effekt.

Hier also nun eine persönliche Hitliste von Verfremdungen mit Photoshop-Filtern.

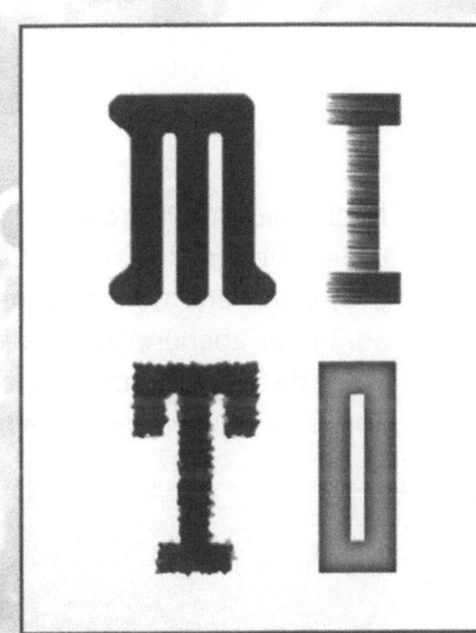

Benötigte Software:

Photoshop

Sonstige Filter: Hochpaß

Kreativ

Stilisierungsfilter: Korneffekt
eventuell mehrfach anwenden

Kreativ

Stilisierungsfilter: Windeffekt
eventuell mehrfach anwenden

Kreativ

Störungsfilter:
Helligkeit interpolieren

Kreativ

Vergröberungsfilter: Kristallisieren

Kreativ

Sonstige Filter:
Helle Bereich vergrößern

Kreativ

Verzerrungsfilter: Kräuseln

Kreativ

Verzerrungsfilter: Distortion

Kreativ

Vergröberungsfilter: Mosaikeffekt

Neonschrift

Neonschrift in Photoshop

Laden Sie ein Bild (RGB, CMYK-Modus) oder legen Sie eine neue Datei an. In der Ebenenpalette erzeugen Sie über das Aufklappmenü eine neue Ebene und füllen diese Ebene mit der

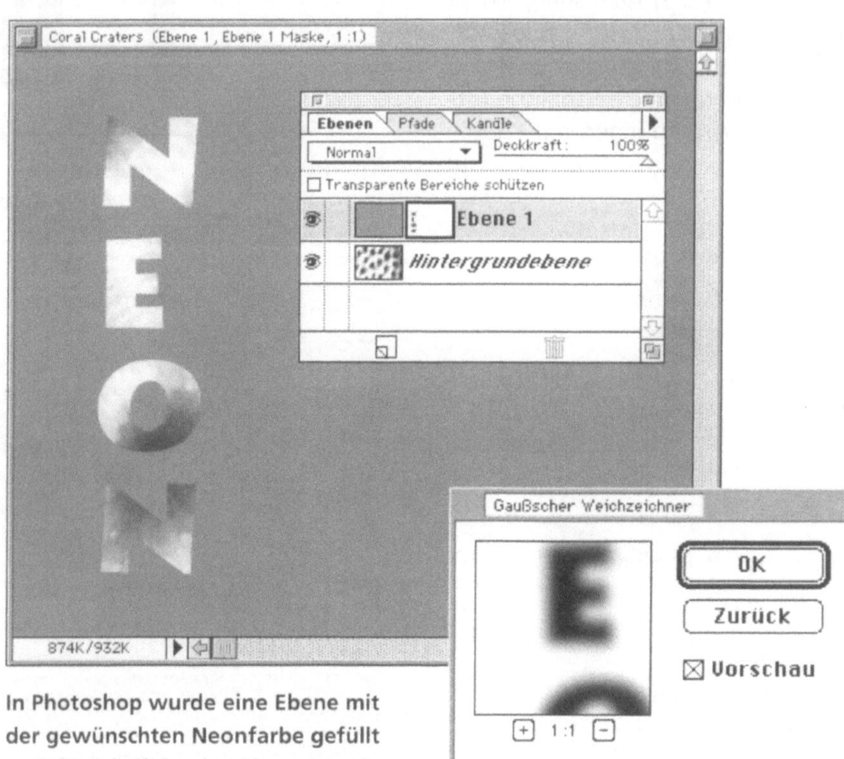

In Photoshop wurde eine Ebene mit der gewünschten Neonfarbe gefüllt und die Schrift in eine Ebenenmaske plaziert. Der Filter „Gaußsche Weichzeichner" angewendet in Verbindung mit einer speziellen Gradationskurve ergibt einen Neoneffekt.

Neonfarbe. Dieselbe Ebene erhält noch eine Ebenenmaske, ebenfalls über das Aufklappmenü der Palette. Diese Ebenenmaske muß für die folgenden Schritte immer angewählt sein: Über das Textwerkzeug setzen Sie einen Text in die Ebenenmaske (die Schrift mit Schwarz füllen) und selektieren den Text über „Auswahl aufheben" aus dem Auswahl-Menü.

Mit dem Filter „Gaußscher Weichzeichner" (Menü „Filter: Weichzeichner") lösen Sie die harten Übergänge des Textes auf (verwenden Sie Werte zwischen 3 und 6) und rufen danach die Funktion „Gradationskurven" auf; diese befindet sich im Menü „Bild" unter „Einstellen". Die Kurve muß die Form eines Berges erhalten, und die Neonschrift ist fertig.

Neon-Schrift in Grafikprogrammen

Eine Neonschrift gestalten Sie in einem Grafikprogramm über die Überblenden-Funktion: Bei dieser Funktion werden zwei unterschiedliche Pfade über eine bestimmbare Zahl der Zwischenschritte ineinander überblendet.

In **Illustrator** gibt es dafür ein Werkzeug, mit dem Sie je einen Punkt aus dem Pfad anklicken und damit die korrespondierenden Punkte der Überblendung bestimmen. Dieser Trick funktioniert nur mit Pfaden, kann also nicht auf Text angewendet werden, bevor dieser in Pfade umgewandelt ist. Diese Funktion rufen Sie über das Text-Menü auf („In Pfade umwandeln").

Der Kontur geben Sie eine Stärke von beispielsweise drei Punkt und eine dunkle Farbe, kopieren den Schriftzug über das Bearbeiten-Menü und setzen die Kopie vor das Original (Menü „Bearbeiten: Davor einsetzen"). Definieren Sie die Kopie mit einer Stärke von 0,5 pt und der Farbe Weiß, und stellen Sie diese auf eine neue Ebene in der Ebenenpalette. Illustrator gleicht nur zwei Pfade an, die gleichzeitig aktiv sind, dies ist aber ein Problem, da die beiden korrespondierenden Punkte aufeinanderliegen, aber nacheinander angewählt werden müssen. Dies läßt sich nur über die Ebenenpalette lösen. Aktivieren Sie beide Pfade, und verschieben Sie die Ebene mit der stärkeren Konturlinie nach oben in der Ebenenpalette. Nun kann mit dem Angleichungswerkzeug

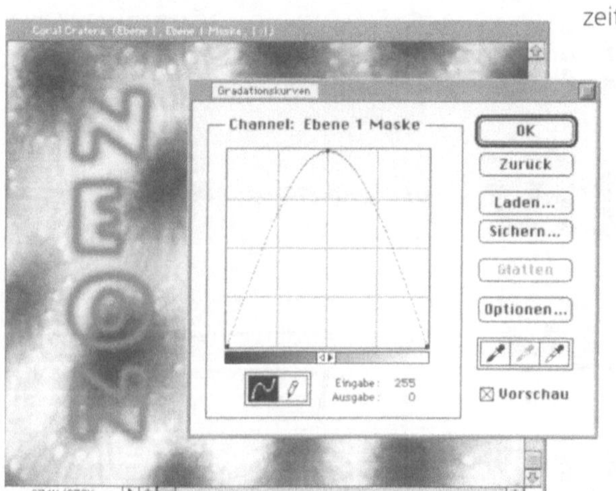

der erste Punkt angewählt werden. Danach verschieben Sie die obere Ebene nach unten, um den korrespondierenden Punkt der dünneren Konturlinie anzuklicken. In dem erscheinenden Dialog wählen Sie die Zahl der Zwischenschritte (fünf Schritte reichen in den meisten Fällen).

In **FreeHand** ist der Prozeß etwas schneller umzusetzen als in Illustrator, da der Umweg über die Ebenenpalette wegfällt. Setzen Sie den Text, und weisen Sie der Kontur eine weiße dünne Kontur zu (keine Farbe für die Füllung). Wählen Sie den Text aus, und lösen Sie die Gruppierung (Menü „Einstellung: Gruppierung aufheben"), und trennen Sie die Buchstaben, die aus zwei Pfaden bestehen, wie beispielsweise der Buchstabe „O" (Menü „Einstellung: Objekt trennen"). Danach kopieren Sie über das Menü „Bearbeiten" den Text und plazieren die Kopie ganz nach hinten (Menü „Bearbeiten: Hinten einfügen"). Der Kopie geben Sie eine wesentlich stärkere und dunklere Kontur.

Ziehen Sie einen Auswahlrahmen über einen der Pfadpunkte – dadurch sind automatisch die korrespondierenden Punkte beider Linien aktiviert. Über das Menü „Einstellung" und „Zeichenweg bearbeiten" rufen Sie die Funktion „Vereinigen" auf: Die beiden Pfade werden ineinander überblendet.

In der Zentralpalette bestimmen Sie die Zahl der Zwischenschritte.

Unten: In Illustrator verwenden Sie die Ebenenpalette, um zwei deckungsgleiche Punkte nacheinander auszuwählen und die Pfade ineinander überzublenden.

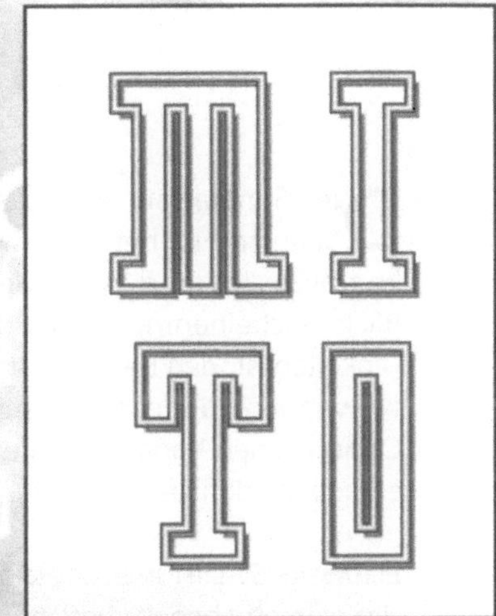

Benötigte Software:

Illustrator oder FreeHand,

Photoshop

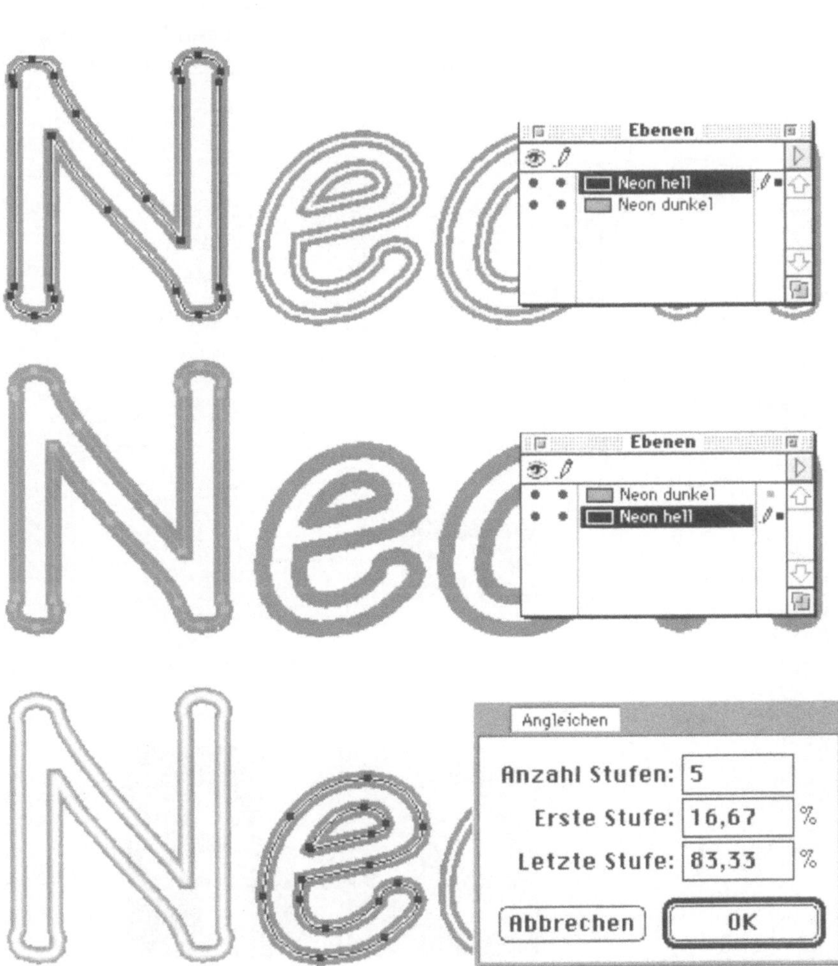

Reliefschrift

Die Simulation von plastischen Schriften ist bei weitem nicht so kompliziert, wie dies auf den ersten Blick erscheinen man. Eine der Möglichkeiten ist, den Beleuchtungsfilter zu verwenden, denn dieser besitzt die Option, einen Kanal des Bildes als Reliefkanal zu definieren.

Erhabene Schrift in Photoshop

Um eine erhabene Schrift zu gestalten, laden Sie eine Datei (Struktur) und wandeln diese in den RGB-Modus, da der Beleuchtungsfilter nicht mit Graustufenbildern funktioniert. In der Kanalpalette legen Sie über das Aufklappmenü der Palette einen neuen Kanal an. Wählen Sie diesen Kanal an, und geben Sie den Text (Weiß auf Schwarz) ein. Über den Filter „Gaußscher Weichzeichner" gestalten Sie einen weichen Übergang (Menü „Filter: Weichzeichnungsfilter").

Anschließend rufen Sie den Filter „Beleuchtungseffekte" auf („Filter: Rendering-Filter"). In dem Dialog setzen Sie eine Lichtquelle und bestimmen den zusätzlichen Kanal als Reliefkanal, wobei Sie die Option „Weiß entspricht voller Höhe" aktivieren.

Eingravierte Schrift in Photoshop

Diese läßt sich im Prinzip wie die erhabene Schrift gestalten. Der einzige Unterschied besteht darin, daß die Schrift im Reliefkanal Schwarz auf Weiß sein muß. Laden Sie ein RGB-Bild, und legen Sie einen neuen Kanal an. In diesen Kanal setzen Sie den Text und wenden den „Gaußschen Weichzeichner" an. In den Beleuchtungseffekte-Filter wählen Sie diesen Kanal als Relief-Kanal mit der Option „Weiß entspricht voller Höhe".

Ein Nachteil dieser beiden Varianten ist, daß Sie einen Lichtkegel auf Ihrem

Reliefschrift in Photoshop

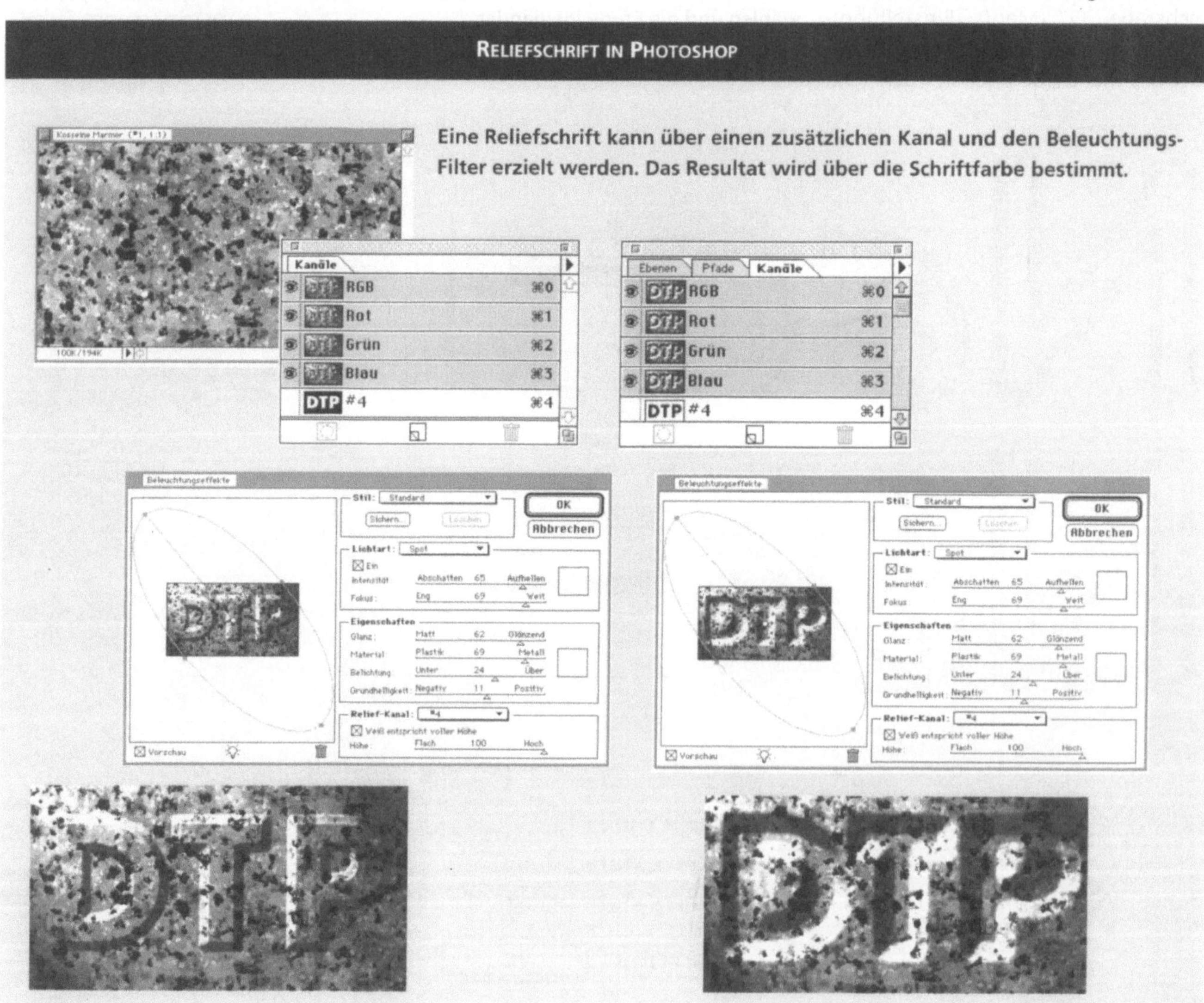

Eine Reliefschrift kann über einen zusätzlichen Kanal und den Beleuchtungs-Filter erzielt werden. Das Resultat wird über die Schriftfarbe bestimmt.

Eine andere Möglichkeit, eine Reliefschrift zu gestalten, ist über den Relief-Filter ...

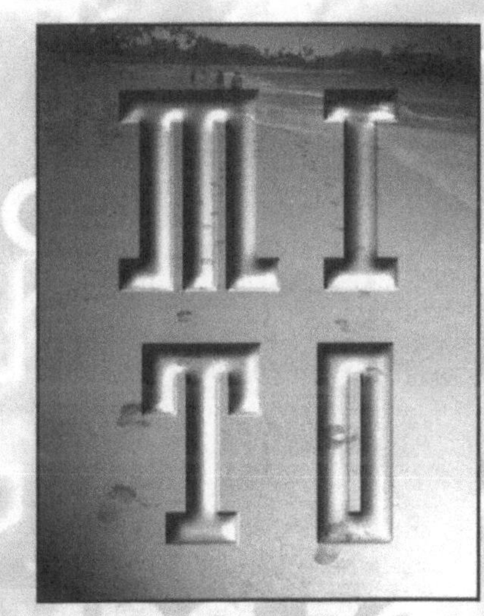

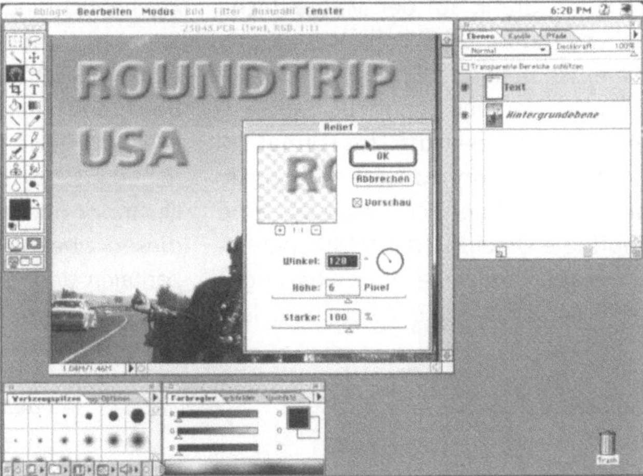

... Dazu wird ein Schriftzug auf eine separate Ebene gestellt, mit Weichzeichner- und Relief-Filter modifiziert.

Benötigte Software:

Photoshop

Bild haben. Nicht immer ist dies ein wünschenswerter Effekt. Aus diesem Grund wird hier noch ein anderer Lösungsweg dargestellt, der zudem noch mehr Flexibilität in der Positionierung der Schrift bietet.

Erhabene Schrift durch Relief-Filter

Dieser Tip ist besonders praktisch, da er es einem erlaubt, die Schrift jederzeit ganz einfach über das Verschiebewerkzeug zu bewegen, denn der Text ist auf einer eigenen Ebene in Photoshop plaziert. Öffnen Sie die Ebenenpalette, und legen Sie eine neue Ebene an. Auf dieser Ebene schreiben Sie den Text und wenden dann den „Gaußschen Weichzeichner" an (Menü „Filter: Weichzeichnungsfilter"), wobei sich der Wert unterhalb von Faktor 2 bewegen sollte. Im Anschluß rufen Sie den Filter „Relief" auf (Menü „Filter: Stilisierungsfilter") und bestimmen den Winkel. Ob die Schrift erhaben oder eingraviert wirkt, ist abhängig von der Einstellung im Relief-Filter. Experimentieren Sie mit dem Winkel und der Stärke.

In der Ebenenpalette wählen Sie den Modus „Hartes Licht" für die Ebene mit dem Schriftzug. Diese Einstellung finden Sie in dem Aufklappmenü auf der linken Seite der Ebenenpalette.

Die Textebene kann nun angewählt und mit dem Verschiebewerkzeug bewegt werden. Zum Importieren in ein Layoutprogramm, wie QuarkXPress, speichern Sie eine Kopie der Datei im TIFF-Format ab. Dadurch haben Sie auch später noch die Möglichkeit, den Text zu verschieben.

Text um Objekt

Um Text oder Grafiken um ein freigestelltes Bild zu legen, benötigen Sie ein 3D-Programm. Dies kann ein pixelorientiertes Programm sein oder ein vektororientiertes, wie Adobe Dimensions.

Für das Beispiel mit der Weltkugel öffnen Sie Dimensions und zeichnen einen Zylinder. Dimensions erlaubt es, um jede Objektoberfläche Text und Grafik zu legen. Dazu muß mit dem Einzelauswahlwerkzeug die Zylindermantelfläche angewählt sein. In dem erscheinenden Fenster repräsentiert die graue Fläche die „unsichtbare" Seite des Objektes, und der weiße Bereich zeigt den sichtbaren Teil. Da das eigentliche Objekt keine Farbe zugewiesen bekommt, sind alle Buchstaben sichtbar. Über die Informationspalette weisen Sie der Schrift eine Farbe zu, bevor Sie das Fenster schließen. Wichtig: Damit die Einstellungen der Lichtpalette auch einen Einfluß auf den Text bzw. die Grafik auf der Mantelfläche haben, muß in den Voreinstellungen die entsprechende Option angewählt sein. Den fertigen Schriftzug exportieren Sie im Adobe Illustrator Format.

In Photoshop konvertiert, wurde anschließend der Schriftzug auf eine geöffnete Datei mit der Weltkugel gezogen und auf eine neue Ebene gestellt. Aus einer Kopie dieser Ebene läßt sich durch Verkleinern (Menü „Bild: Effekte: Skalieren") und Herabsetzen der Deckkraft in der Ebenenpalette noch ein Schatten gestalten. Um den Schatten unscharf erscheinen zu lassen, wurde zudem der „Gaußsche Weichzeichner" angewendet (Menü „Filter").

Text um einen Kegel

Da Dimensions, unabhängig von der Zeichenrichtung, den Kegel immer mit Spitze nach oben zeichnet, muß dieser erst um 180° gedreht werden. Beim Beschreiben der Mantelfläche ist daher alles spiegelverkehrt. Damit der Text richtig erscheint, setzen Sie den Text in Illustrator oder FreeHand und spiegeln diesen zweimal: einmal an der horizontalen und einmal an der vertikalen Achse. In Dimensions importiert, pla-

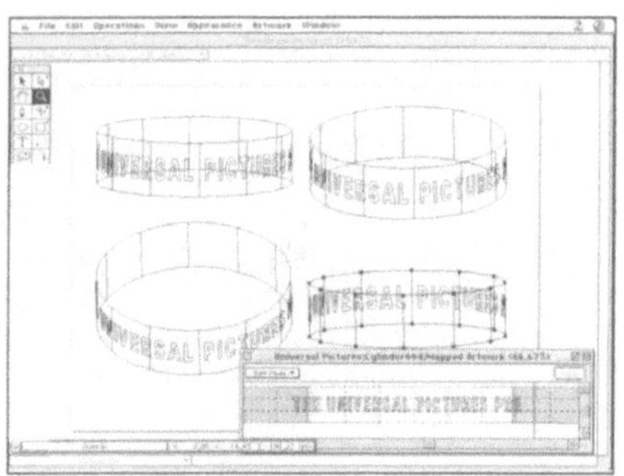

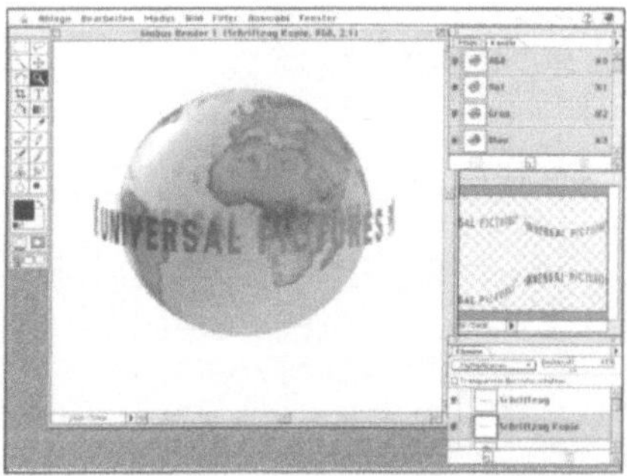

In Dimensions wurde der Text auf die Mantelfläche einer farblosen Zylindermantelfläche gesetzt. Anschließend in Photoshop konvertiert, kann der Text als neue Ebene in eine geladene Bilddatei gezogen werden. Für den Schatten genügt es, die Schriftzug-Ebene zu kopieren, die Deckkraft herabzusetzen und den Filter „Gaußscher Weichzeichner" anzuwenden.

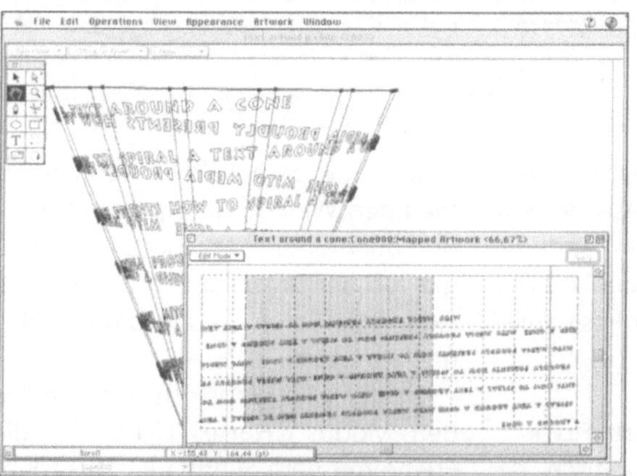

Um einen Spiraltext zu gestalten, muß der Text zuerst in einem Grafikprogramm gesetzt und an der horizontalen und vertikalen Achse gespiegelt werden.

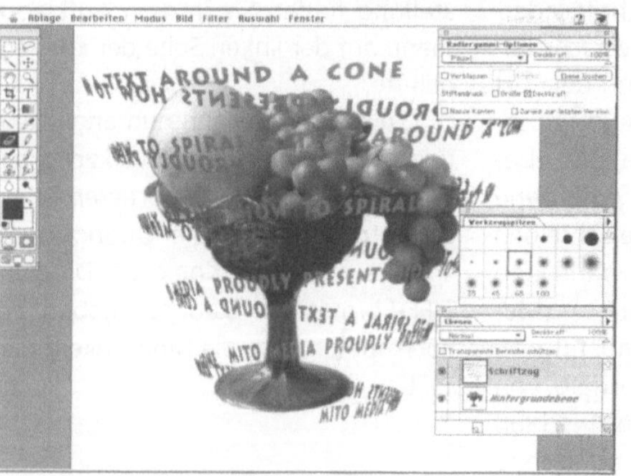

In Photoshop konvertiert und als neue Ebene eingesetzt, lassen sich mit dem Radierer die überflüssigen Bereiche retouchieren.

zieren Sie den Text de facto von oben nach unten, um in der 3D-Ansicht einen Schriftzug zu erhalten, der von unten nach oben geht. Damit der Schriftzug auf der anderen Seite bündig anschließt, halten Sie die Umschalttaste und Wahltaste beim Verschieben des Wortes gedrückt. Dadurch wird beim Verschieben eine Kopie des Textes erstellt.

Exportiert und in Photoshop importiert, wurde der Text ausgewählt, auf die Zieldatei gezogen und als neue Ebene eingesetzt. Mit dem Radierwerkzeug lassen sich nun alle Bereiche entfernen, die von dem Früchtebecher verdeckt werden.

ist zu beachten, daß jeder Eckpunkt die Fläche unterteilt; es läßt sich dann keine zusammenhängende Textzeile mehr plazieren. Die Grundform für den „Früchtebecher" bestand aus dem halben Querschnitt der endgültigen Form (da es sich um einen Rotationskörper handelt). Soll der Text genau der Form des Fotos folgen, zeichnen Sie die Grundform am besten mit dem Pfadwerkzeug in Photoshop. Anschließend läßt sich der Pfad aus Photoshop im Illustrator-Format exportieren. In Dimensions importiert, rotieren Sie dann die Grundform und wählen die Mantelfläche aus.

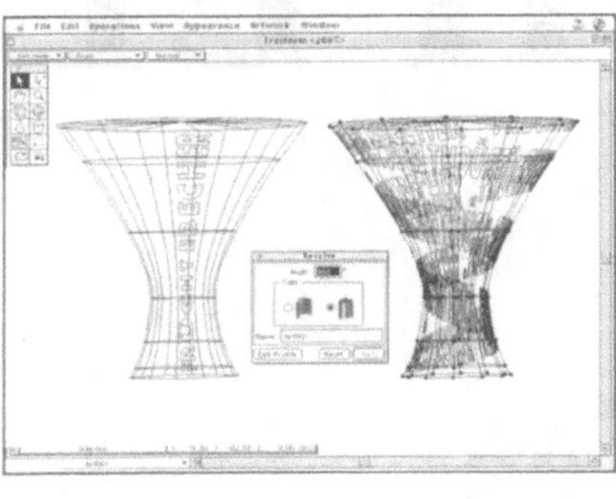

Dimensions kann Mantelflächen beliebiger Rotationskörper mit Grafiken und Text beschreiben. Wichtig: Da jeder Eckpunkt die Mantelfläche unterteilt, müssen Eckpunkte vermieden werden, da sonst keine zusammenhängende Mantelfläche vorhanden ist. Es läßt sich dann keine durchgehende Textzeile realisieren.

Benötigte Software:

Dimensions und Photoshop

Freiformobjekte

In Dimensions sind Sie nicht nur auf die Grundformen wie Kugel, Kegel, Quader und Zylinder beschränkt. Dimensions erlaubt es beispielsweise, jede beliebige Form zu rotieren. Dabei

Stempelschrift

Der Charakter einer Stempelschrift, mit seinen ausgefransten Kanten und den unregelmäßigen Flächen, ist gar nicht so einfach zu erzielen. Es gibt hier auch nicht die ultimative Lösung, denn alle Wege zielen darauf ab, die gleichmäßige Struktur einer Vorlage zu zerstören. Dabei kommen immer wieder die gleichen Photoshop-Filter zum Einsatz, nur die Reihenfolge und Intensität variiert. Der hier vorgestellte Weg ist deswegen nur ein Weg von vielen.

Photoshop

Legen Sie eine Arbeitsfläche an, und setzten Sie den Text in der gewünschten Farbe. Sichern Sie die Auswahl über „Auswahl: Auswahl sichern" in einem zusätzlichen Kanal. Zuerst soll die unregelmäßige Grundstruktur gestaltet werden, wofür sich der Filter „Punktieren" eignet. Diesen finden Sie im Filter-Menü unter der Rubrik „Vergröberungsfilter".

Die Kontur der Schrift ist dadurch zwar verlorengegangen, aber dies läßt sich restaurieren: „Kontur füllen", aus dem Bearbeiten-Menü, ruft einen Dialog auf, in dem sich die Konturstärke bestimmen läßt. Wählen Sie den Modus „Innen", damit die Kontur nur innerhalb der Auswahl gezeichnet wird.

Um zu vermeiden, daß die Kante der Vorlage zu genau ist, soll die Auswahl um einige Pixel ausgeweitet werden („Auswahl: Auswahl verändern: Ausweiten"). Dies gibt den nötigen Spielraum, damit bei den folgenden Filteranwendungen die Kante ihre Perfektion verliert.

Da der Punktcharakter des Punktieren-Filters noch überdeutlich ist, wenden Sie erst den „Gaußschen Weichzeichner" an („Filter: Weichzeichner"). Ein weiteres Mittel, um die Fläche etwas aufzulösen, ist, etwas Störungen hinzuzufügen („Filter: Stö-

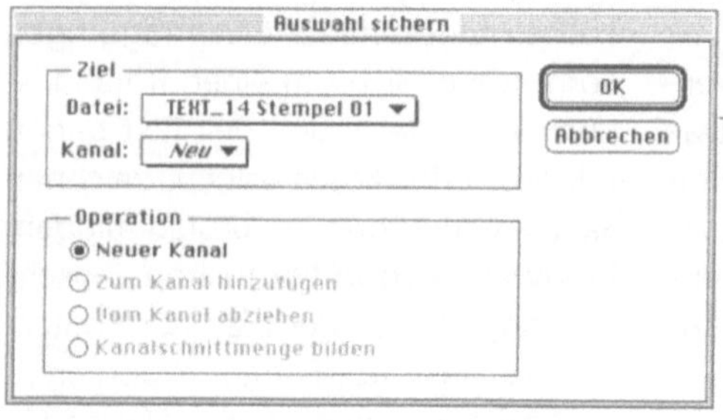

1. Sichern Sie die Auswahl in einen neuen Kanal der Datei.

2. Der Punktieren-Filter bestimmt die Grundstruktur.

3. Die Kontur wird über „Kontur füllen" wiederhergestellt.

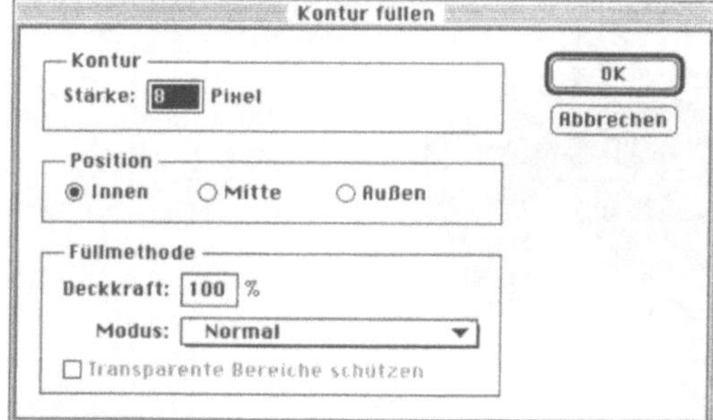

STEMPEL

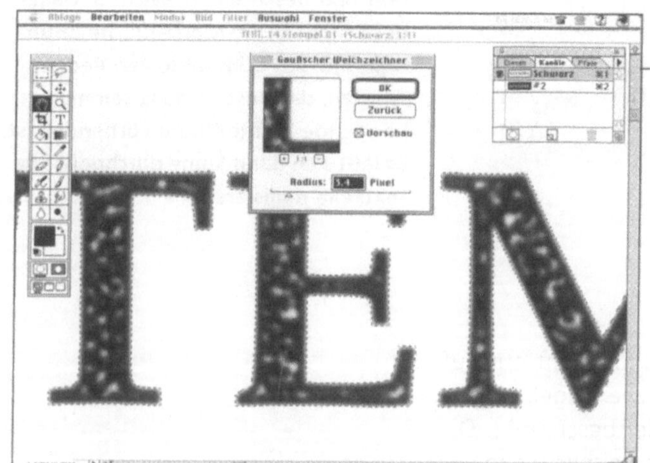

4. Nachdem die Auswahl verschoben wurde, kommt der „Gaußsche Weichzeichner" zum Einsatz.

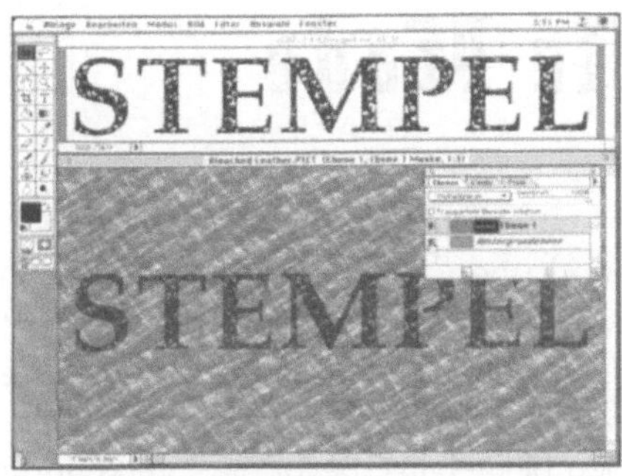

Setzen Sie den Schriftzug als Ebenenmaske einer Farbfläche ein, um die Schrift einzufärben.

rungsfilter"). Verwenden Sie dabei die Option „Gaußsche Normalverteilung".

Die so bearbeitete Fläche enthält genügend „Zufallselemente", um den Charakter einer Stempelschrift zu simulieren. Regeln Sie die Helligkeit runter und setzen Sie den Kontrast hoch („Bild: Einstellen: Helligkeit/Kontrast").

Als letzter Arbeitsgang kann die Vorlage noch mit dem Korneffekt-Filter bearbeitet werden („Filter: Stilisierungsfilter"). Eventuell wenden Sie diesen mehrfach an.

Experimentieren Sie mit der Abfolge der Filter und der Intensität, um eigene Variationen zu erhalten.

Soll die Stempelschrift auf einer farbigen Struktur plaziert werden, ziehen Sie diese auf die geöffnete Zieldatei, und wählen Sie in der Ebenenpalette den Modus „Multiplizieren".

Um die Schrift einzufärben (wenn Sie die Schrift in Schwarz angelegt haben), gehen Sie etwas anders vor: In der Zieldatei legen Sie eine neue Ebene an und füllen diese mit der gewünschten Stempelfarbe („Bearbeiten: Fläche füllen"). In der Ebene wird eine Ebenenmaske hinzugefügt (über das Aufklappmenü der Ebenenpalette zu erreichen). Der Schriftzug wird anschließend ausgewählt und auf die Zieldatei gezogen. Die schwebende Auswahl wird in die Ebenenmaske eingesetzt, wenn Sie auf die Ebene mit der Farbfläche klicken. Über „Bild: Festlegen: Umkehren" invertieren Sie noch die Ebenenmaske. Vorteil dieser Vorgehensweise: Sie können die Ebene in der Transparenz regeln.

ILLUSTRATOR

Sollten Sie aus einem speziellen Grund eine Stempelschrift in einem Grafikprogramm anlegen wollen, setzen Sie die Schrift mit dem Textwerkzeug und wandeln die Schrift über „In Zeichenwege umwandeln" in die Beziérkurven. Über den Filter „Aufrauhen" in der Rubrik „Verzerren" können Sie dem Pfad zusätzliche Ankerpunkte hinzufügen und diese unregelmäßig versetzen lassen.

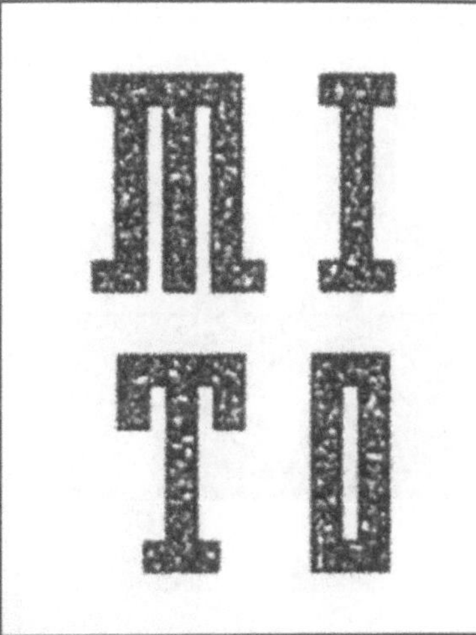

BENÖTIGTE SOFTWARE:

PHOTOSHOP

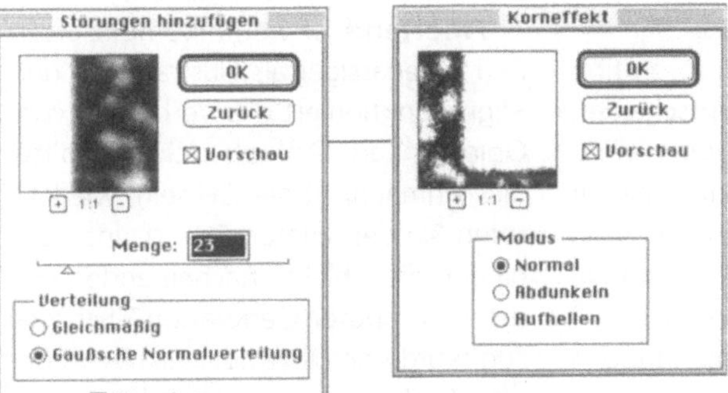

4. „Störungen hinzufügen" und „Korneffekt" verstärken die Unregelmäßigkeit.

STEMPEL

Verknüpfte Pfade

Mit „Verknüpfte Pfade" oder „Objekte verbinden" meinen Illustrator und FreeHand beide dasselbe. Diese Grundfunktion beider Programme ist für viele Effekte enorm wichtig und jeder Grafiker sollte diese Funktion kennen. Hier einige Grundlagen: Normalerweise ist jedes Objekt auf der Zeichenfläche auf einer eigenen Ebene oder Schicht. Über die Funktion „Verknüpfte Pfade" oder „Objekte verbinden" wird aus zwei oder mehr Pfaden ein Objekt. Dies ist wichtig, um ein Objekt von dem anderen abzuziehen oder einen Schriftzug zu einem Objekt zu verbinden, beispielsweise um diesen als Maske zu verwenden.

Benötigte Software:

Illustrator

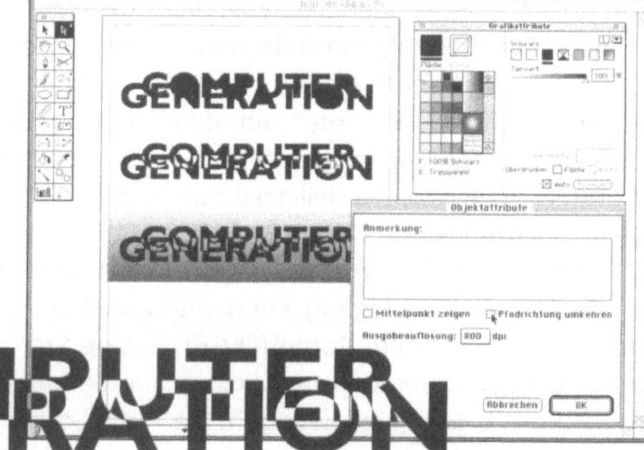

In den Illustrator kann in den Objektattributen individuell für jeden Pfad die Richtung eingegeben werden.

Eine weitere wichtige Information ist, daß die Pfadrichtung entscheidet, ob und welcher Pfad abgezogen wird. Verläuft die Pfadrichtung in gleicher Richtung, ist kein Effekt zu sehen. In diesem Fall müssen einzelne Pfade in ihrer Richtung umgedreht werden.

Bei Illustrator ist die Pfadrichtung in den Objektattributen eingetragen und ist manuell änderbar, in FreeHand löst man dieses Problem, indem immer nur schrittweise ein Pfad addiert wird.

Um beispielsweise den Schriftzug „Computer Generation" in **Illustrator** umzusetzen, wurde der Text gesetzt und über „In Pfade umwandeln" in Zeichenwege aufgelöst. Das Wort „Generation" plazieren Sie teilweise auf dem Wort „Computer" und wählen beides aus, bevor Sie „Verknüpfte Pfade: Erstellen" aufrufen (Objekt-Menü). Mit dem Einzelauswahlwerkzeug und gehaltener Wahltaste selektieren Sie die äußeren Pfade des Wortes "Generation" und rufen die Objektattribute im Menü „Objekt" auf. Kehren Sie die Pfadrichtung um, und aktivieren Sie dann die inneren Pfade des Wortes „Generation" (die inneren Pfade der Buchstaben R, A, O), um hier genauso zu verfahren.

FreeHand ist viel unkomplizierter und zuverlässiger als Illustrator: In der Regel funktioniert das Verbinden von Objekten auf Anhieb richtig. Sollte dies einmal nicht der Fall sein, widerrufen Sie den letzten Schritt und verbinden die Objekte nacheinander. Für den „Computer Generation"-Schriftzug wurde der Text über die Funktion „In Zeichenwege umwandeln" (im Schrift-Menü) in seine Pfade aufgelöst und dann die Funktion „Objekte verbinden" im Einstellung-Menü aufgerufen.

Texteffekte in Illustrator

Hier einige Vorschläge und Beispiele, wie man die Filter in Adobe Illustrator einsetzen kann, um spezielle Effekte zu erzielen.

Wellenreiten Dieser Schriftzug wurde über den Filter „Verzerren: Kreisförmig Verzerren" und einer 50%igen Wirkungsweise erzielt.

Break Hierbei wurde der Text in seine Pfade umgewandelt und über „Ankerpunkte hinzufügen" mit zusätzlichen Pfadpunkten versehen. Danach wurde der „Verzerren: Scribbeln 1"-Filter aufgerufen und die Option „Ankerpunkte" mit einer Verzerrung von 2% aktiviert.

Perspektive Der Filter „Frei Verzerren" unter „Filter: Verzerren"kann für eine perspektivische Darstellung verwendet werden.

Hiphop Die ersten drei Buchstaben wurden über den Filter „Ecken abrunden" („Filter: Stilisieren") modifiziert, wobei die Schrift in Pfade gewandelt sein muß.

Wasser Ebenfalls bei den Verzerren-Filtern finden Sie „Aufrauhen". In dem erscheinenden Dialog wurde die Option „gerundet" gewählt und eine Wirkungsweise von 1%.

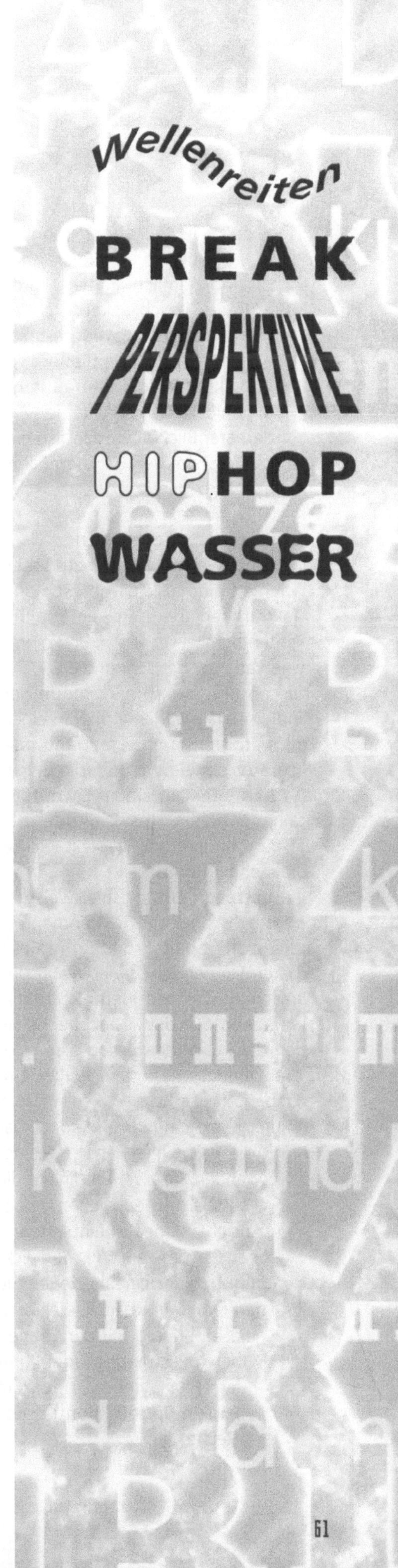

Transparente Schriften

Wenn sich transparente Flächen überlagern, addieren sich an den Überlagerungen die Farbwerte. Diesen Effekt kann man in **Illustrator** über den Filter „Weich mischen" erzielen (Menü „Filter"). Zuerst wurde die Schrift in Zeichenwege umgewandelt, kopiert und versetzt. Anschließend wurden alle Buchstaben ausgewählt und auf 50% Mischen im Filter-Dialog gesetzt.

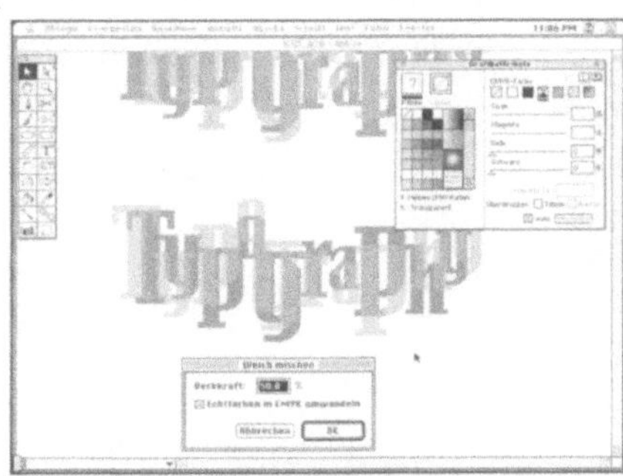

Um diesen Effekt in **Photoshop** zu erzielen, genügt es, die Schrift auszuwählen, zu kopieren und auf eine neue Ebene zu stellen bzw. gleich die gesamte Ebene zu kopieren. In der Ebenenpalette regeln Sie die Transparenz über den Schieberegler für die Deckkraft.

Fließtext

Die Gestaltungsmöglichkeiten für Textrahmen sind ziemlich limitiert. In der Regel beschränken sich die Funktionen in Layoutprogrammen auf das Umfließen von Objekten. Dabei sind außergewöhnliche Textrahmen ein wunderbarer Blickfang. Hier also einige Tricks, um den üblichen Rahmen zu sprengen.

Ausgefallene Textrahmen

Es gibt zwei Variationen zu diesem Thema: einmal ein mehrspaltiger Textrahmen, bei dem die Spaltenkanten parallel verlaufen, und einmal eine Variante, bei der nur die äußeren Kanten des Textrahmens modifiziert sind. Die erste Variante muß in einem Grafikprogramm wie FreeHand oder Illustrator erstellt werden, die zweite läßt sich direkt in einem Layoutprogramm gestalten, was den Vorteil hat, daß Korrekturen am Fließtext leichter vorzunehmen sind.

Illustrator: Um beispielsweise einen geschwungenen Textrahmen mit parallelen Spalten zu gestalten, klicken Sie bei gehaltener Wahl- und Umschalttaste mit dem Rechteckwerkzeug auf die Arbeitsfläche. In dem erscheinenden Dialog lassen sich die Dimensionen der Spalte eingeben. In das Rechteck sollen zwei Punktpaare eingefügt werden. Damit diese auf gleicher Höhe sind, verwenden Sie zwei Hilfslinien, die Sie aus dem Lineal ziehen. (Über „Ansicht: Lineale einblenden" rufen Sie diese auf. Aus dem Eckpunkt beider Lineale ziehen Sie den Nullpunkt und plazieren diesen bündig mit der Spalte.) Über die Zeichenfeder (mit dem Plus-Symbol) fügen Sie Punkte in die Kontur des Rechteckes.

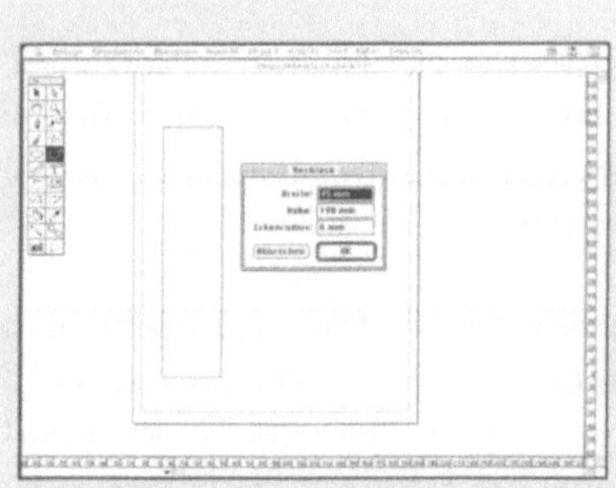

Über Dialog wurde die exakte Größe des Rahmens definiert.

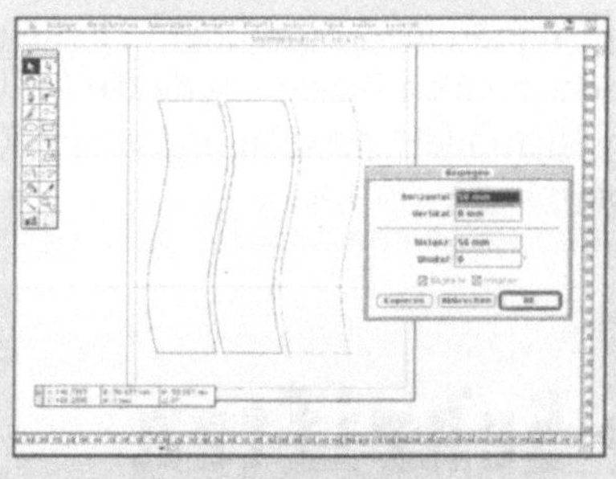

Anschließend die Spalte über „Bewegen" dreimal kopiert.

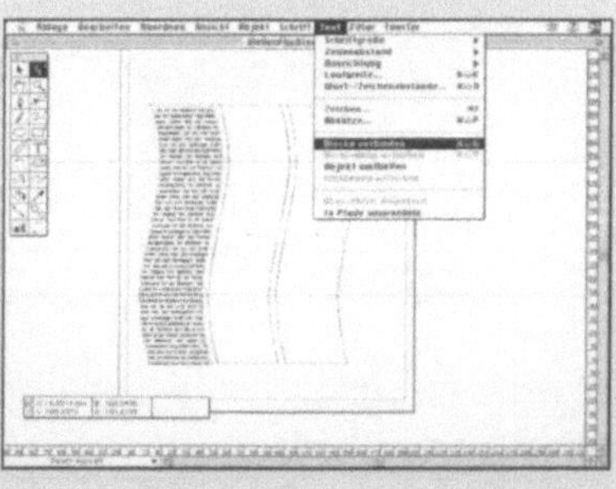

Der Textrahmen wurde mit den anderen Rahmen über „Blöcke verbinden" verkettet und als „Verleger" definiert.

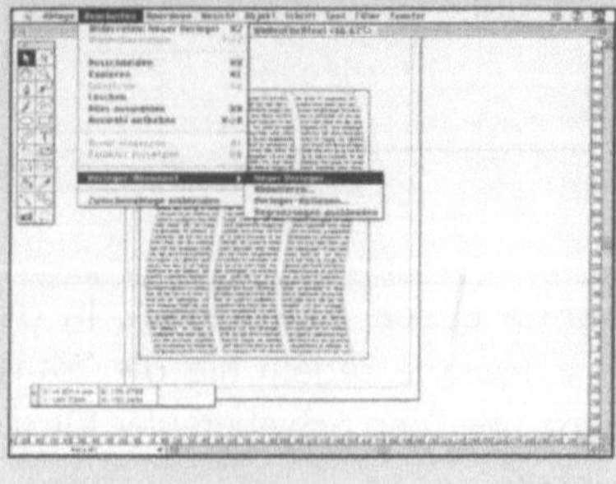

Je zwei der Punkte verschieben Sie parallel, indem Sie mit dem Einzelauswahlwerkzeug (weißer Mauspfeil) zwei Punkte aktivieren und über die Pfeiltasten schrittweise nach rechts oder links verschieben. Über das Werkzeug „Ankerpunkt-umwandeln" ziehen Sie die Anfasser aus dem Punktzentrum heraus, wobei es leichter ist, diese in exakt demselben Abstand zu positionieren, wenn Sie die „Informationspalette" einblenden (Fenster-Menü). Manche der Anfasser müssen erst um 180° gedreht werden, um die Wellenlinie zu erzielen. Beim Ausrichten der Anfasser ist es hilfreich, die Umschalttaste gedrückt zu halten, da hierbei die Bewegungsrichtung auf die 45°-Achsen eingeschränkt wird.

Für einen mehrspaltigen Textrahmen kopieren und verschieben Sie die Spalte mehrfach. Dies gestaltet sich am leichtesten über die Bewegen-Funktion, da sich hier die Verschiebung numerisch eingeben läßt.

Mit dem Textwerkzeug klicken Sie an die linke Seite der ersten Spalte, um die Einfügemarke zu positionieren. Über die Zwischenablage kopieren Sie den Text aus einem Textverarbeitungs- oder Layoutprogramm und fügen es in die Textspalte ein. Ein kleines Plussymbol am unteren Ende zeigt an, wenn überschüssiger Text vorhanden ist. Um Textrahmen zu verbinden, halten Sie die Umschalttaste gedrückt und wählen die Textrahmen nacheinander an (die Reihenfolge, mit der Sie die Rahmen anwählen, legt den Textfluß fest). In dem Text-Menü verbinden Sie die Rahmen mit der Funktion „Blöcke verbinden". Alle notwendigen Textfunktionen, um Text zu gestalten, finden Sie in der Absätze- und Zeichen-Palette.

FreeHand: Zeichnen Sie mit dem Rechteckwerkzeug die Textspalte, wobei Sie die genauen Abmessungen der Spalte in der Zentralpalette festlegen können. Um zusätzliche Punkte in ein Rechteck einzufügen, müssen Sie die Gruppierung auflösen („Einstellung: Gruppierung widerrufen"). Nun lassen sich mit dem Zeichenfeder-Werkzeug Punkte in die Linie einfügen.

Als Unterstützung rufen Sie über das Ansicht-Menü die „Lineale" auf, aus denen Sie die Hilfslinien ziehen. (Ziehen Sie den Nullpunkt des Dokumentes aus der gemeinsamen Ecke der beiden Lineale und plazieren Sie diesen bündig mit dem Textrahmen. Dies erleichtert das Ausrichten der Hilfslinien anhand der Lineale.)

Verschieben Sie die Punktpaare nach links und nach rechts über die Pfeiltasten, bevor Sie über die Zentralpalette die Punktart ändern (von Eck- zu Kurvenpunkt). Aktivieren Sie alle vier Kurvenpunkte, und klicken Sie in der Zentralpalette auf die Anfasser-Option „Automatisch", und die Wölbung des Textrahmens ist fertig.

Gruppieren Sie den Textrahmen und bewegen Sie diesen, bei gehaltener Wahl- und Umschalttaste, um eine Kopie zu erhalten. Für einen gleichmäßigen Abstand zwischen den Textrahmen verwenden Sie die Ausrichten-Palette („Waagerecht: Mittelpunkt").

Um nun Text in die Rahmen einzusetzen, muß zuerst mit dem Textwerkzeug ein Rahmen gezogen werden. In diesen Textrahmen fügen Sie den Fließtext über die Zwischenablage ein.

Benötigte Software:

FreeHand oder Illustrator

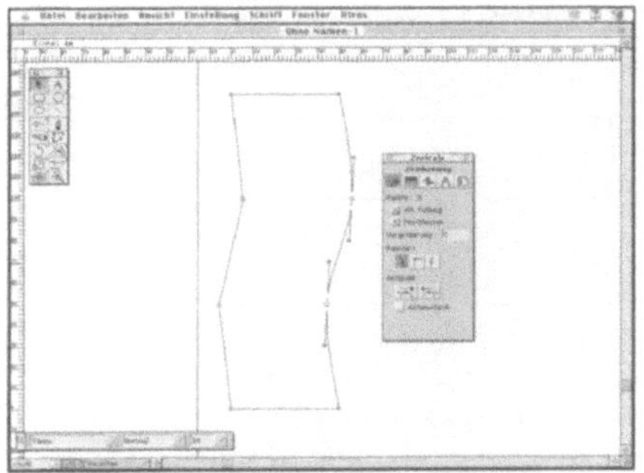

Über die Option „Automatisch" wurden die eckigen Übergänge abgerundet.

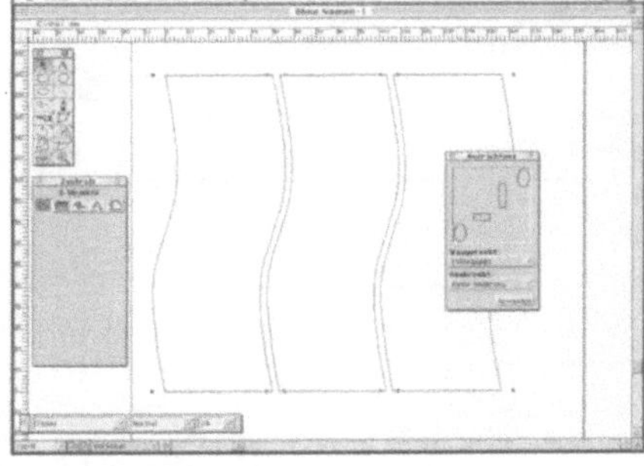

Nach dem Kopieren der Spalten läßt sich über „Ausrichten" der Spaltenzwischenraum ausgleichen.

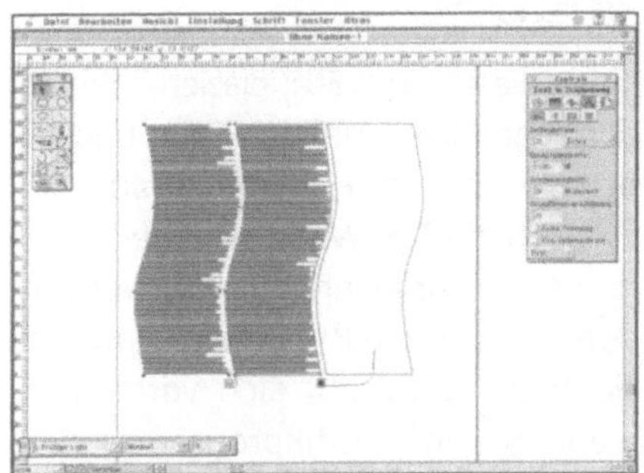

Die Rahmen wurden durch Ziehen der Verkettungslinie auf den nachfolgenden Rahmen miteinander verbunden.

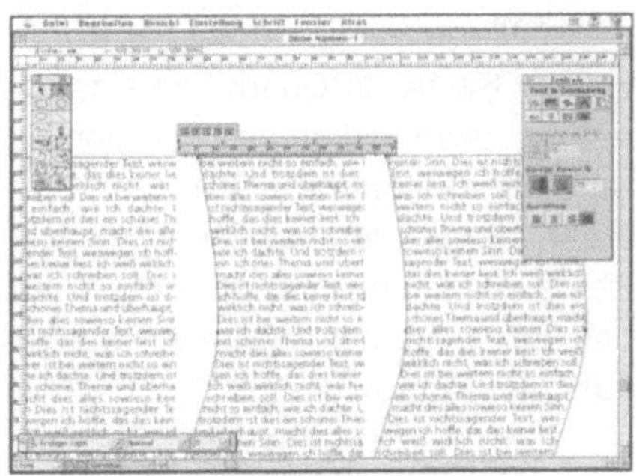

Ein kleiner „Schönheitsfehler" von FreeHand zwingt einen, zum Bearbeiten des Textes den folgenden Rahmen abzurücken.

Bei gehaltener Umschalttaste wählen Sie den ersten Textrahmen an (der Textrahmen mit dem Fließtext muß ebenfalls aktiviert sein) und über „Schrift: Innerhalb Zeichenweg" fließt der Text innerhalb des neugestalteten Textrahmens. Überfließender Text wird am rechten unteren Eck eines Textrahmens als Punkt dargestellt, aus dem sich eine Verbindungslinie auf den folgenden Textrahmen ziehen läßt. Über die Zentralpalette gestalten Sie anschließend den Fließtext.

Noch eine kleine Anmerkung zu FreeHand: Wie Sie sicherlich beim Bearbeiten des Textes schon festgestellt haben, ist der Fließtext an den Rändern von einer weißen Fläche verdeckt. Um Änderungen, beispielsweise Trennungen, in diesen Bereichen eingeben zu können, muß die nebenliegende Spalte abgerückt werden.

Verleger/Abonnent: Wenn Sie den Textrahmen mit dieser Macintosh-Betriebssystemfunktion verlegen bzw. abonnieren, wird der Textrahmen im Layoutprogramm jedesmal aktualisiert, wenn Sie im Grafikprogramm die Illustration speichern. Besitzen Sie genügend Arbeitsspeicher, um das Grafik- und Layoutprogramm gleichzeitig geöffnet zu haben, erleichtert das die Arbeit, denn Sie können Textänderungen im Grafikprogramm sofort im Layoutprogramm sehen. Um die Textrahmen zu „verlegen", wählen Sie diese an und rufen „Bearbeiten: Verleger/Abonnent: Neuer Verleger" auf. In QuarkXPress zeichnen Sie beispielsweise einen Bildrahmen und importieren diese Datei über „Abonnieren".

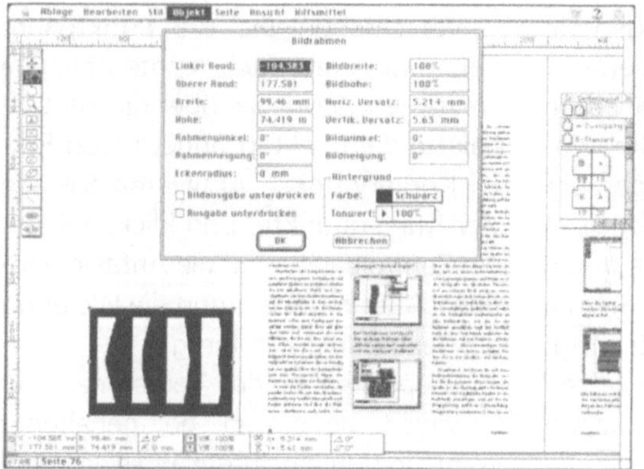

In einen Bildrahmen wurde eine EPS-Grafik mit mehreren Formen geladen. Damit diese sichtbar sind, wurde Schwarz für die Hintergrundfarbe eingestellt.

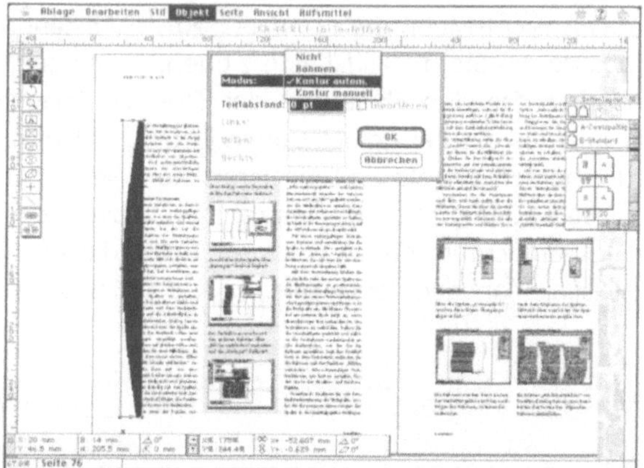

Bei gehaltener Befehlstaste wurde die Kantenform angepaßt und „Kontur automatisch" angewählt.

Unten: Einige Variationen zum Thema Kanten für Textrahmen. Ab Version 3.3 lassen sich einige dieser Formen auch direkt in QuarkXPress gestalten.

Layoutprogramm

Hier ist ein Lösungsvorschlag, um direkt in einem Layoutprogramm, wie beispielsweise QuarkXPress, ausgefallene Textrahmen zu gestalten. Im Prinzip wird ein unsichtbares Objekt plaziert, das den Text in einem regulären Textrahmen zur Seite drückt. Dieses Objekt gestalten Sie in FreeHand oder Illustrator und definieren es mit einer weißen Fläche. In QuarkXPress zeichnen Sie einen Bildrahmen mit schwarzer Hintergrundfarbe („Objekt: Modifizieren") und laden das Objekt. Passen Sie den Bildrahmen an das Objekt an, und stellen Sie den Umfließen-Modus auf „Kontur automatisch" („Objekt: Umfließen"). Bei gehaltener Befehlstaste läßt sich ein Eckpunkt des Bildrahmens verziehen, während gleichzeitig der Bildrahmeninhalt angepaßt wird. Für die andere Seite des Textrahmens kopieren Sie den Bildrahmen, rotieren diesen um 180°, plazieren ihn auf der gegenüberliegenden Seite und heben die schwarze Hintergrundfarbe auf.

Noch ein Tip: Wenn Sie eine Hintergrundstruktur in ihrem Layout verwenden, ist das weiße Objekt natürlich sichtbar. Dies läßt sich vermeiden, wenn Sie im Grafikprogramm dem Objekt keine Farbfüllung und -kontur zuweisen. Über Bildübersicht oder beim nächsten Öffnen des Dokumentes wird die weiße Version durch die unsichtbare aktualisiert.

Die Grundform, die in einem Grafikprogramm gestaltet wurde.

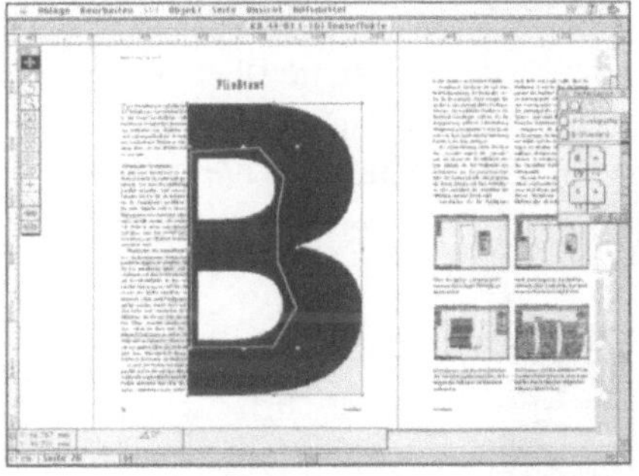

Das Hauptelement wird plaziert und für die Innenelemente ein Polygon gezeichnet, in dem eine Kopie eingefügt wird.

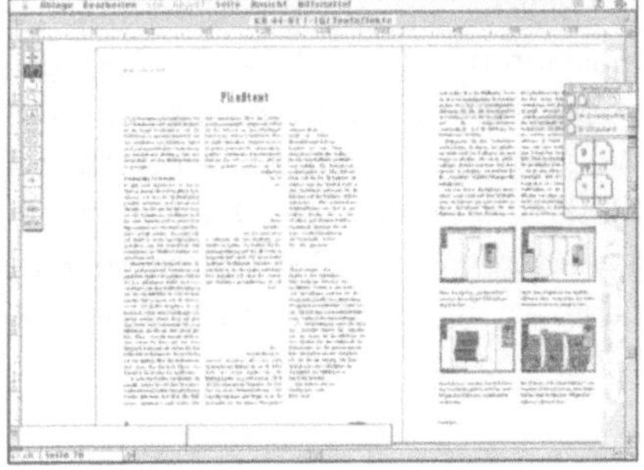

Eine weitere Variation zu diesem Thema ist die Kombination mehrerer Elemente, um beispielsweise den Text in Form eines Buchstabens laufen zu lassen. Die Grundform gestalten Sie wieder in einem Grafikprogramm. Die EPS-Grafik wird in einem Bildrahmen importiert und auf passende Größe gebracht (damit die weißen Elemente sichtbar sind, muß die Hintergrundfläche dunkel sein). Damit der Innenteil des „B" richtig umflossen wird, muß dieser in einem separaten Bildrahmen sein. Verwenden Sie dazu das Polygon-Werkzeug, und umranden Sie beide Elemente. Anschließend kopieren Sie die Datei im ersten Bildrahmen und fügen die Zwischenablage in das Polygon ein. Jetzt reduzieren Sie noch die Breite des ersten Bildrahmens, damit dieser nicht mit dem Polygon konkurriert, und QuarkXPress umfließt beide Elemente richtig.

Negativ/Positiv-Fließtext

Die Kombination positiver und negativer Schrift im Fließtext ist optisch sehr reizvoll und sehr augenfällig. Da dies nicht direkt in QuarkXPress möglich ist, muß dies wieder in Illustrator oder FreeHand gestaltet und als EPS-Datei oder Auflage importiert werden.

Illustrator: Bei gehaltener Wahltaste klicken Sie mit dem Rechteckwerkzeug auf die Seite, um in dem erscheinenden Dialog die Rahmengröße numerisch einzugeben. Über den Filter „Text: Textzeilen & Spalten" definieren Sie für das Rechteck die Spalten, bevor Sie aus der Zwischenablage den Text einfügen. Wenn der Text innerhalb des Textrahmens gestaltet ist, wählen Sie den gesamten Textrahmen aus und kopieren ihn über Befehlstaste-C in die Zwischenablage. Plazieren Sie auf dem Textrahmen auf der Arbeitsfläche die SW-Illustration. Besteht die Illustration aus mehreren Elementen, müssen diese erst über „Verknüpfte Pfade: Erstellen" zu einem Objekt vereint werden. Geben Sie in der Informationspalette dem Text die Flächenfarbe Weiß, bevor Sie Textrahmen und Objekt auswählen (das Objekt muß im Vordergrund liegen). Über „Objekt: Masken: Erstellen" wird der Text von dem Objekt maskiert. Dabei verliert das Objekt allerdings seine Farbattribute. Um diese wiederherzustellen, verwenden Sie den Filter „Erstellen: Fläche & Kontur für Maske". Klicken Sie dazu vorher das Objekt an („Auswahl: Zeichnung" erleichtert dies, da hier die Umrisse wieder sichtbar werden) und wählen Sie für die Fläche die Farbe Schwarz.

Benötigte Software:

Illustrator oder FreeHand

Negativ/Positiv-Fließtext in Illustrator und FreeHand

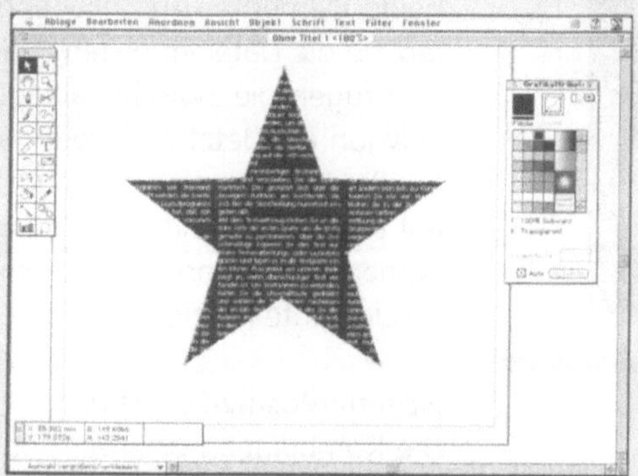

Illustrator: Zum Maskieren des Textes muß das Objekt davor liegen. Da nach dem Maskieren die Maske die vorherigen Farbattribute verliert, gibt es in Illustrator einen Filter, der dies behebt.

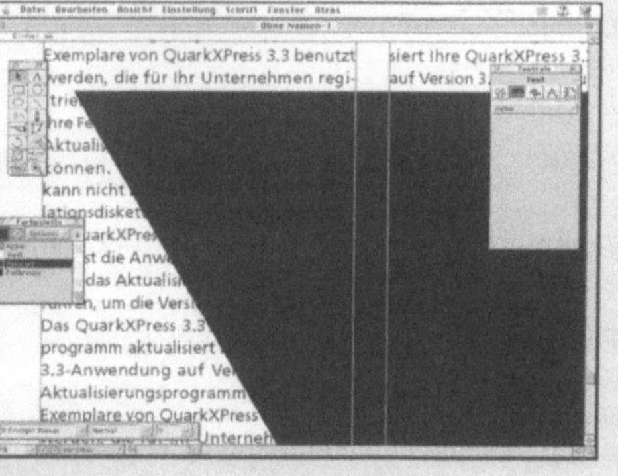

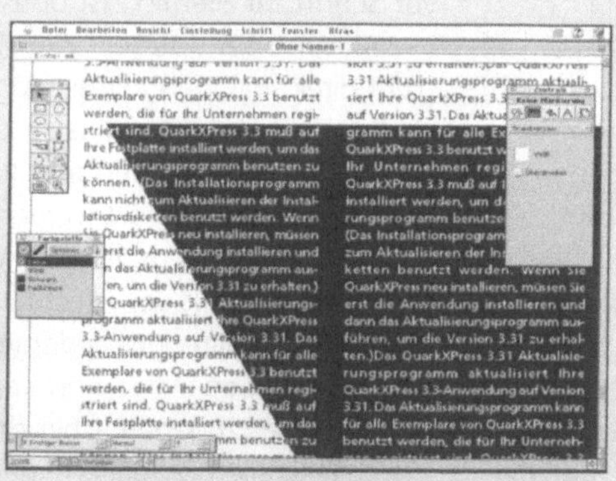

FreeHand: Über „Innen einfügen" kann der Fließtext in ein Objekt plaziert werden.

Nachdem der Filter aktiviert wurde, ist die weiße Schrift wieder zu sehen. Da nach wie vor der ursprüngliche Textrahmen in der Zwischenablage gespeichert ist, deaktivieren Sie alles und setzen den Textrahmen dahinter ein (Bearbeiten-Menü). Als EPS-Datei gespeichert, kann die Gestaltung in einem Layoutprogramm geladen werden.

FreeHand: In FreeHand zeichnen Sie, bei gehaltener Maustaste, mit dem Textwerkzeug den Textrahmen. Die Einstellungen für Spalten und Abmessungen finden sich in der Zentralpalette. Den Text für die Gestaltung importieren Sie über die Zwischenablage aus dem Layoutprogramm. Gestalten Sie das Objekt auf dem Fließtext. (Besteht das Objekt aus mehreren Elementen, müssen diese erst über „Zeichenwege verbinden" zu einem Element verbunden werden.) Anschließend wählen und klonen Sie den Textrahmen („Bearbeiten: Klonen") und geben dem aktivierten Textrahmen über die Farbpalette die Konturfarbe Weiß. Mit der Befehlstaste-X schneiden Sie den Rahmen aus, wählen das Objekt an und fügen die Zwischenablage in das Objekt ein („Bearbeiten: Innen einfügen"). Als EPS- Datei exportiert, kann die Illustration in ein Layoutprogramm plaziert werden.

Foto als Fließtext

Fließtext einzufärben ist weiter nichts besonderes, aber Fließtext mit einem Foto zu verbinden, gehört schon zu den ausgefalleneren Gestaltungsmitteln. Was früher in der klassischen Repro kein großes Problem darstellte, ist eine äußerst heikle Geschichte im DTP-Bereich. Die Problematik liegt in der nötigen Auflösung für die Schrift. Während bei einem Foto eine Auflösung von zirka 266 dpi ausreicht, um eine gute Qualität zu erhalten, ist bei Text eine Auflösung von 1200 dpi gerade gut genug. Aus diesem Grund ist es unmöglich, dies in Photoshop zu gestalten. Die resultierenden Dateigrößen würden den üblich Rahmen bei weitem sprengen, denn die Bilddatei müßte, um sie mit dem Text zu maskieren, ebenfalls auf 1200 dpi hochgerechnet werden. Hier nun ein Weg, wie es trotzdem möglich ist: Maskieren Sie das Foto direkt in einem Layoutprogramm! Die Textmaske wird dabei als Bitmap in Photoshop gespeichert und kann zwischen 600–1200

Die Maskierungsfläche, die später in QuarkXPress das Foto maskiert, muß wie in der Abbildung angelegt sein: weiße Schrift auf schwarzem Grund.

dpi liegen. (Wenn Sie 600 dpi verwenden, entspricht die Qualität logischerweise einem 600 dpi Drucker. Dies ist ausreichend für viele Anwendungen.)

Als erstes müssen Sie aber den Text in einem Grafikprogramm setzen. Definieren Sie für die Textfarbe Weiß, und hinterlegen Sie den Textrahmen mit einer schwarzen Fläche, die etwas größer sein sollte als der eigentliche Textrahmen. Durch diese beiden Schritte ersparen Sie sich, die Vorlage in Photoshop invertieren und die Arbeitsfläche vergrößern zu müssen.

Die gespeicherte Illustrator-Datei (FreeHand speichert Illustrator-Format über Exportieren) wird in Photoshop mit der gewünschten Auflösung konvertiert und im Bitmap-Modus gespeichert (als Umwandlungsoption verwenden Sie „50% Schwellwert"). Bei einer Bildgröße von 26 x 19 cm ergibt sich so nur eine Dateigröße von 3.3 MByte (bei 600 dpi). Diese Fläche laden Sie in QuarkXPress, plazieren diese auf ein Foto und definieren den Rahmeninhalt über „Stil: Farbe" als Weiß.

Interessant ist dieses Gestaltungsmittel beispielsweise für einen Aufmacher, bei dem sich Foto und Fließtext gegenüberstehen.

Mitfließende Negativschrift

Oftmals soll eine Zwischenüberschrift negativ in einem Rahmen stehen. Anstatt den Text in einen eigenen Rahmen oder auf einen weiteren Bildrahmen zu stellen, verwenden Sie lieber den folgenden Trick, der darüberhinaus auch noch den Vorteil hat, daß der Text bei Änderungen mitfließt (siehe beispielsweise diese Zwischenüberschrift).

Wählen Sie den Text aus, und rufen Sie aus dem Stil-Menü in QuarkXPress die Funktion „Linien" auf. Klicken Sie auf die Option „Linie oben" (der Trick funktioniert nicht mit „Linie unten"!), und geben Sie in der Linienstärke einen Wert ein, der größer oder gleich der Schriftgröße ist. In diesem Beispiel ist die Zwischenüberschrift 9 Punkt und die Linienstärke 11 Punkt. Über „Abstand" kann die Linie nach unten versetzt werden. Dazu geben Sie den Verschiebungswert in Millimeter ein (beispielsweise - 0.9 mm). Das Resultat ist schon ganz zufriedenstellend, aber der Balken geht noch über die gesamte Spaltenbreite. Um die Länge des Balkens auf Textbreite zu beschränken, wählen Sie den Modus „Länge: Text". Um auf der linken Seite des Textes noch etwas Platz zu haben, geben Sie vor dem ersten Zeichen eine Leerstelle ein. Für die rechte Seite tippen Sie einen zusätzlichen Buchstaben ein, dem Sie über „Stil: Farbe" die Rahmenfarbe zuweisen.

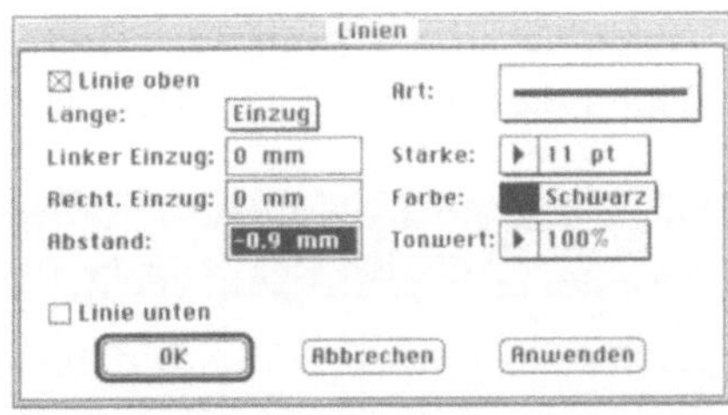

MITFLIEßENDE NEGATIVSCHRIFT

Aus der Funktion „Linie oben" läßt sich ein Rahmen für eine Negativschrift gestalten. Der Vorteil dieses Verfahrens: Bei Textänderungen fließt der Textbalken mit. Für die linke und rechte Seite wurde ein Leerzeichen bzw. ein zusätzlicher Buchstabe angehängt und Schwarz eingefärbt.

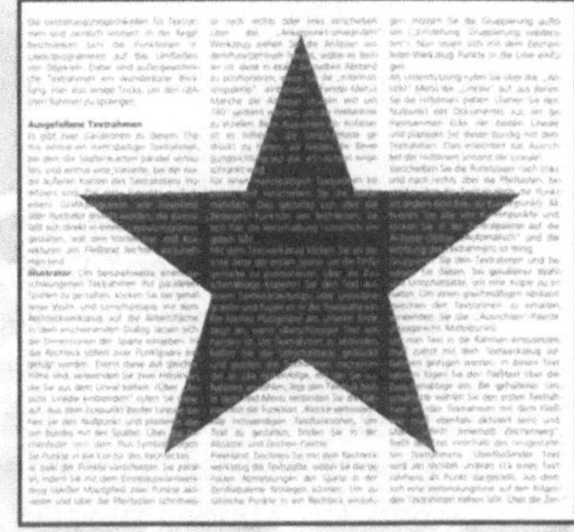

Benötigte Software:

Illustrator oder FreeHand

Hintergründe

Auf dem Markt herrscht wahrlich kein Mangel an CD-ROMs mit diversen Hintergründen. Dies ist kein Wunder, denn Hintergründe eignen sich sehr gut, um Zeitschriftenlayout oder andere Gestaltungen aufzuwerten, speziell, wenn vom Kunden zuwenig Fotomaterial geliefert wurde und die Gestaltung etwas aufgepeppt werden muß. Hier wird also beschrieben, wie Sie auf einfache Weise, in verschiedenen Programmen, Hintergründe gestalten.

Grafikprogramme

Beide Grafikprogramme besitzen die Möglichkeit, Muster zu definieren. Mit dieser einfachen Technik ist es leichter, beliebig große Flächen zu füllen. Die Vorgehensweise ist denkbar einfach, es gibt nur eines zu beachten: Damit sich die Muster nahtlos aneinanderfügen, müssen die Elemente an den Rändern auf der gegenüberliegenden Seite wiederholt werden. Hier nun die Arbeitsschritte in den einzelnen Programmen.

FreeHand: Jedes Objekt kann sofort als Musterfüllung verwendet werden, indem Sie es auswählen und in die Zwischenablage kopieren (Befehlstaste-C). Zeichnen Sie nun eine Fläche mit dem Rechteckwerkzeug, und wählen Sie in der Zentralpalette für Füllung die Option „Bild". Der „Einfügen"-Knopf fügt die Zwischenablage als Musterfüllung in den angewählten Rahmen.

Soll zwischen den einzelnen Elementen mehr Abstand sein oder das Muster eine Hintergrundfarbe besitzen, zeichnen Sie ein Rechteck, das Sie hinter dem Musterobjekt plazieren, und wählen beides aus, bevor Sie es in die Zwischenablage kopieren.

Handelt es sich um ein Muster, das sich nahtlos aneinanderfügen soll, beginnen Sie erst mit einem Rechteck, dessen Abmessungen genau definiert sind. Dies machen Sie am besten über die Zentralpalette: Hier läßt sich der X/Y-Wert sowie die Breite und Höhe ei-

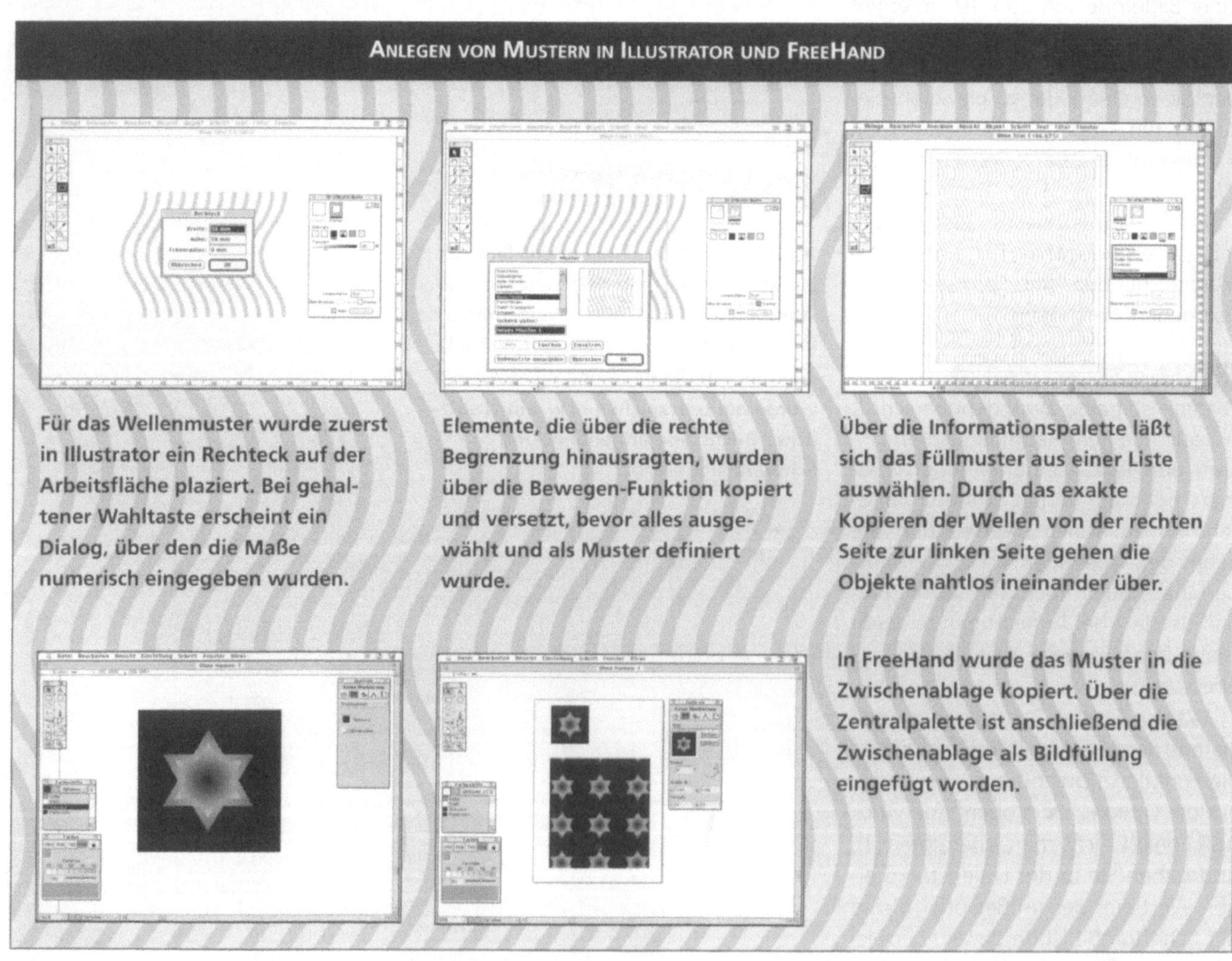

Für das Wellenmuster wurde zuerst in Illustrator ein Rechteck auf der Arbeitsfläche plaziert. Bei gehaltener Wahltaste erscheint ein Dialog, über den die Maße numerisch eingegeben wurden.

Elemente, die über die rechte Begrenzung hinausragten, wurden über die Bewegen-Funktion kopiert und versetzt, bevor alles ausgewählt und als Muster definiert wurde.

Über die Informationspalette läßt sich das Füllmuster aus einer Liste auswählen. Durch das exakte Kopieren der Wellen von der rechten Seite zur linken Seite gehen die Objekte nahtlos ineinander über.

In FreeHand wurde das Muster in die Zwischenablage kopiert. Über die Zentralpalette ist anschließend die Zwischenablage als Bildfüllung eingefügt worden.

nes Rechteckes festlegen. Elemente, die auf einer Seite über den Rand des Rechteckes gehen, klonen Sie über „Bearbeiten: Klonen" und versetzen die geklonten Objekte über die Zentralpalette an die gegenüberliegende Seite. (Da Sie die Werte des Rechteckes kennen, können Sie die Objekte um diesen Wert verschieben. Dadurch ist sichergestellt, daß die Elemente sich nahtlos aneinanderfügen.) Danach werden alle Objekte ausgewählt (ohne das Begrenzungsrechteck) und über Befehlstaste-X ausgeschnitten. Nun wählen Sie das Begrenzungsrechteck an und plazieren die Elemente aus der Zwischenablage in das Rechteck („Bearbeiten: Innen einfügen"). Jetzt sind nur die Bereiche innerhalb des Rahmens zu sehen, und Sie können diesen in die Zwischenablage kopieren und als Muster definieren.

Illustrator: Anders als in FreeHand muß in Illustrator ein Muster immer auf der Grundlage eines Rechtecks definiert werden. Zeichnen Sie also zuerst ein Begrenzungsrechteck und plazieren Sie die Musterelemente innerhalb dieser Begrenzung. Beides ausgewählt, definieren Sie das Muster über den Dialog „Objekt: Muster". Der Vorteil wiederum von Illustrator ist, daß mehrere Muster in eine Liste aufgenommen werden können. Wählen Sie in der Informationspalette Musterfüllung für ein beliebiges Objekt, und die Liste mit allen Einträgen erscheint in der Palette.

Wollen Sie ein Muster gestalten, bei dem Elemente über die Kanten des Begrenzungsrechtecks reichen, ist es wichtig, genau die Abmessungen zu kennen, damit diese Elemente kopiert und auf die gegenüberliegende Seite verschoben werden können. Klicken Sie also bei gehaltener Wahltaste mit dem Rechteckwerkzeug auf die Arbeitsfläche. In dem erscheinenden Dialog bestimmen Sie numerisch die Maße des Rechtecks. Objekte, die über eine Seite hinausragen, wählen Sie an und rufen die Funktion „Anordnen: Bewegen" auf. In diesem Dialog läßt sich ein Objekt kopieren und gleichzeitig verschieben. Ist das Rechteck beispielsweise 50 mm breit, versetzen Sie die Objekte auf der rechten Seite um 50 mm nach links. Im letzten Schritt müssen die Elemente maskiert werden. Dazu bringen Sie das Rechteck ganz nach vorne, indem Sie es ausschneiden und über „Bearbeiten: Vorne einsetzen" wieder plazieren. Alle Objekte ausgewählt und „Objekt: Masken: Erstellen" aufgerufen und anschließend als Muster definiert, können Sie beliebig große Flächen füllen.

Photoshop

Auch Photoshop besitzt eine Musterfunktion (wahrscheinlich eine der am wenigsten benutzten Funktionen). Dazu bestimmen Sie mit dem Auswahlrechteck ihr Muster und definieren es über „Bearbeiten: Muster festlegen". Danach kann jede beliebige Fläche mit „Bearbeiten: Fläche füllen" und der Option „Muster" angelegt werden.

Auf der CD-ROM Photoshop 3.0 befinden sich bereits – etwas versteckt – einige Dateien, die sich für Hintergründe eignen. Beispielsweise befindet sich im Ordner „Backgrounds & Textures" ein Unterordner „Wraptures". Dabei handelt es sich um Dateien – die als Muster definiert – nahtlos zu größeren Flächen zusammensetzbar sind.

In einem weiteren Ordner, mit der Bezeichnung „Other Goodies", befinden sich „Textures for Lighting Effects". Dabei handelt es sich um Graustufenstrukturen, die für den Einsatz mit dem Beleuchtungsfilter gedacht sind. Öffnen Sie eine dieser Dateien, und wählen Sie alles aus. Anschließend definieren Sie die Auswahl als Muster („Bearbeiten: Muster festlegen"). Legen Sie eine neue RGB-Datei mit den gewünschten Abmessungen an, und erzeugen Sie über die Kanalpalette (über das Aufklappmenü) einen neuen Kanal. Wählen Sie den Kanal an, und füllen Sie diesen mit

Benötigte Software:

Illustrator oder FreeHand

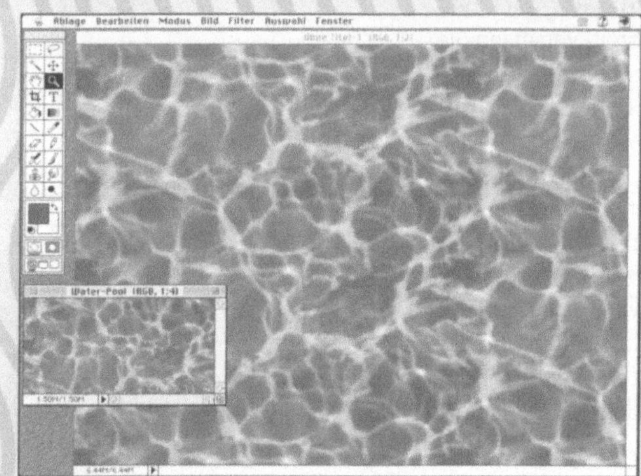

Der Swimming-Pool wurde aus einer Mustervorlage der Photoshop-CD-ROM gestaltet. Komplett ausgewählt, wurde diese Datei direkt als Muster definiert und über „Fläche füllen" eingesetzt.

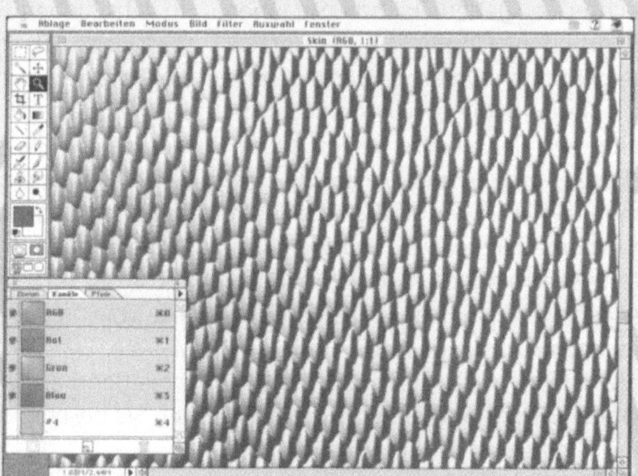

Diese Textur stammt von der Photoshop-CD-ROM und wurde als Muster definiert, um einen Alphakanal zu füllen, der dann in den Beleuchtungseffekten als Reliefkanal bestimmt wurde.

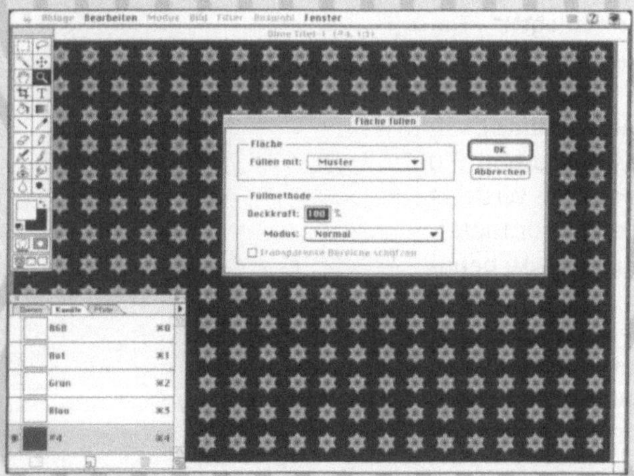

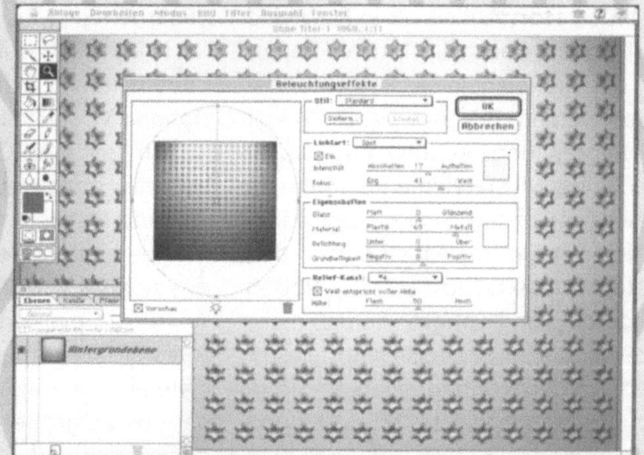

Oben: Aus einem Grafikprogramm wurde eine Vorlage konvertiert und als Muster definiert. Als Reliefkanal in den Beleuchtungseffekten geladen, erhalten die Sterne ihre Plastizität.

Links: Die Mustervorlage „Vogelspuren" wurde konvertiert und, um einen weicheren Übergang zu erzielen, mit dem Filter „Gaußscher Weichzeichner" behandelt. Zusätzliche Lichter lassen sich durch Ziehen eines Glühbirnen-Symbols auf der Arbeitsfläche plazieren.

dem Muster. Da die Muster auf der CD-ROM bereits so angelegt sind, daß es keine Nahtstellen gibt, besteht kein Limit, die Größe betreffend. Der nächste Schritt ist der Beleuchtungseffekt, der sich in der Rubrik „Rendering" befindet.

Die Besonderheit des Beleuchtungseffektes ist, daß ein Reliefkanal bestimmt werden kann. Wählen Sie den Kanal mit dem Muster, und plazieren Sie eine Lichtquelle auf der Arbeitsfläche. Über die Farbe der Lichtquelle bestimmen Sie die Farbigkeit des Hintergrundes; zusätzliche Lichtquellen plazieren Sie durch Ziehen des Glühbirnen-Symbols auf die Arbeitsfläche.

Um eigene Muster zu gestalten, die sich ohne Übergänge aneinanderfügen, gibt es eine einfache Technik, die am Beispiel einer Papierstruktur erklärt werden soll. Legen Sie dazu eine neue Datei mit 200x200 Pixel an. Über „Filter: Störungsfilter: Störungen hinzufügen" und dem „Gaußschen Weichzeichner" (Rubrik „Weichzeichnungsfilter") erzeugen Sie die Grundstruktur für die Papierstruktur. Über den Relieffilter erhält die Textur bereits ein räumliches Aussehen, das nur noch über die „Tonwertkorrektur" (Menü „Bildeinstellung") korrigiert werden muß. Klicken Sie auf den Knopf „Auto", und verschieben Sie den linken Regler vom „Tonwertumfang" nach rechts, um die Schwarztöne herauszunehmen – die Papierstruktur ist fertig. Um dies nun als Muster einsetzen zu können, benutzen Sie den „Verschiebungseffekt" („Filter: Sonstige") und versetzen die Fläche um die Hälfte der Dateiabmessung (100 Pixel) nach rechts und nach unten, wobei Sie die Option „Durch verschobenen Bereich ersetzen" verwenden. Die Kanten in der Bildmitte retuschieren Sie mit dem Stempelwerkzeug weg, bevor Sie die Fläche als Muster definieren.

Scans von Papierstrukturen einfärben: Wenn Sie einen Scanner zur Hand haben, können Sie auch Papierstrukturen scannen. Dabei ist eine sehr effiziente Art und Weise, diese im Graustufen-Modus zu speichern und je nach Bedarf über Duplex-, Triplex- oder Quadruplex-Kurven einzufärben. Der Vorteil: Anstatt riesige CMYK-Dateien in Ihr Layout zu plazieren, hält sich der Speicherbedarf in Grenzen. Diese Technik ist im Kapitel „Duplex ..." beschrieben, weswegen hier auf das entsprechende Kapitel verwiesen wird.

Grafikelemente konvertieren: Eine weitere Möglichkeit, Strukturen zu gestalten, ist, Elemente aus einem

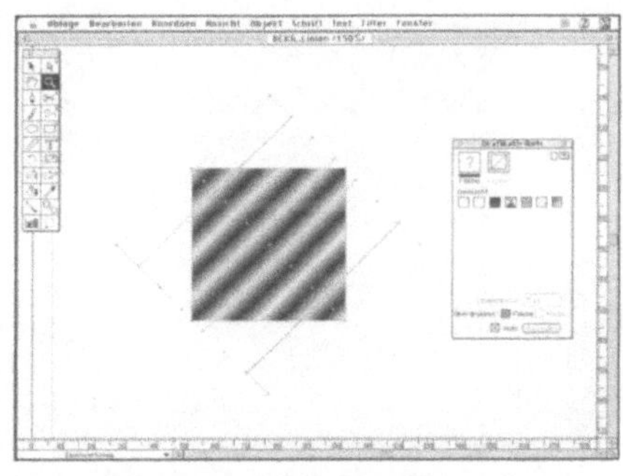

Vor dem Konvertieren in Photoshop wurden die Elemente in Illustrator mit einem Rechteck maskiert.

Grafikprogramm zu konvertieren. Da Musterflächen nicht von Photoshop umgewandelt werden, müssen Sie diese leicht modifizieren. Wollen Sie ein in **Illustrator** gestaltetes Muster verwenden, rufen Sie den Muster-Dialog auf und plazieren es über den Knopf „Einsetzen" auf die Arbeitsfläche. Der Rahmen hinter dem Muster muß nach vorne gebracht und als Maske verwendet werden („Objekt: Masken: Erstellen"). Beispielsweise wurde die Struktur im Kasten auf diese Weise erstellt, nach dem Anwenden des „Gaußschen Weichzeichners" auf das konvertierte Muster. In **FreeHand** gestalten Sie die Muster, wie bereits vorher in diesem Kapitel beschrieben, und exportieren diese als Illustrator-Datei, um sie in Photoshop konvertieren zu können.

Anschließend füllen Sie mit diesen Musterflächen einen neuen Kanal und gestalten die Hintergrundstruktur wie-

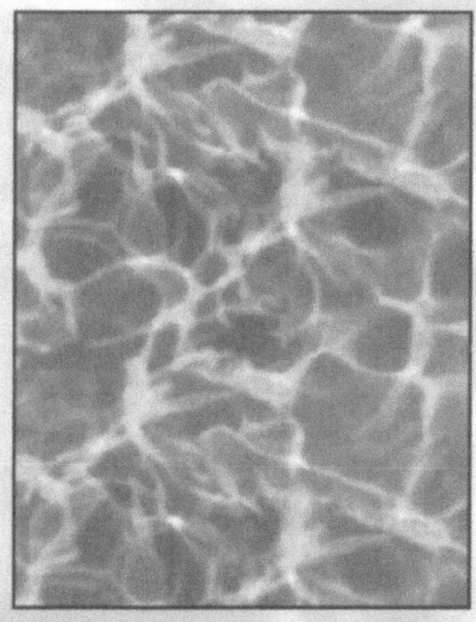

BENÖTIGTE SOFTWARE:

PHOTOSHOP

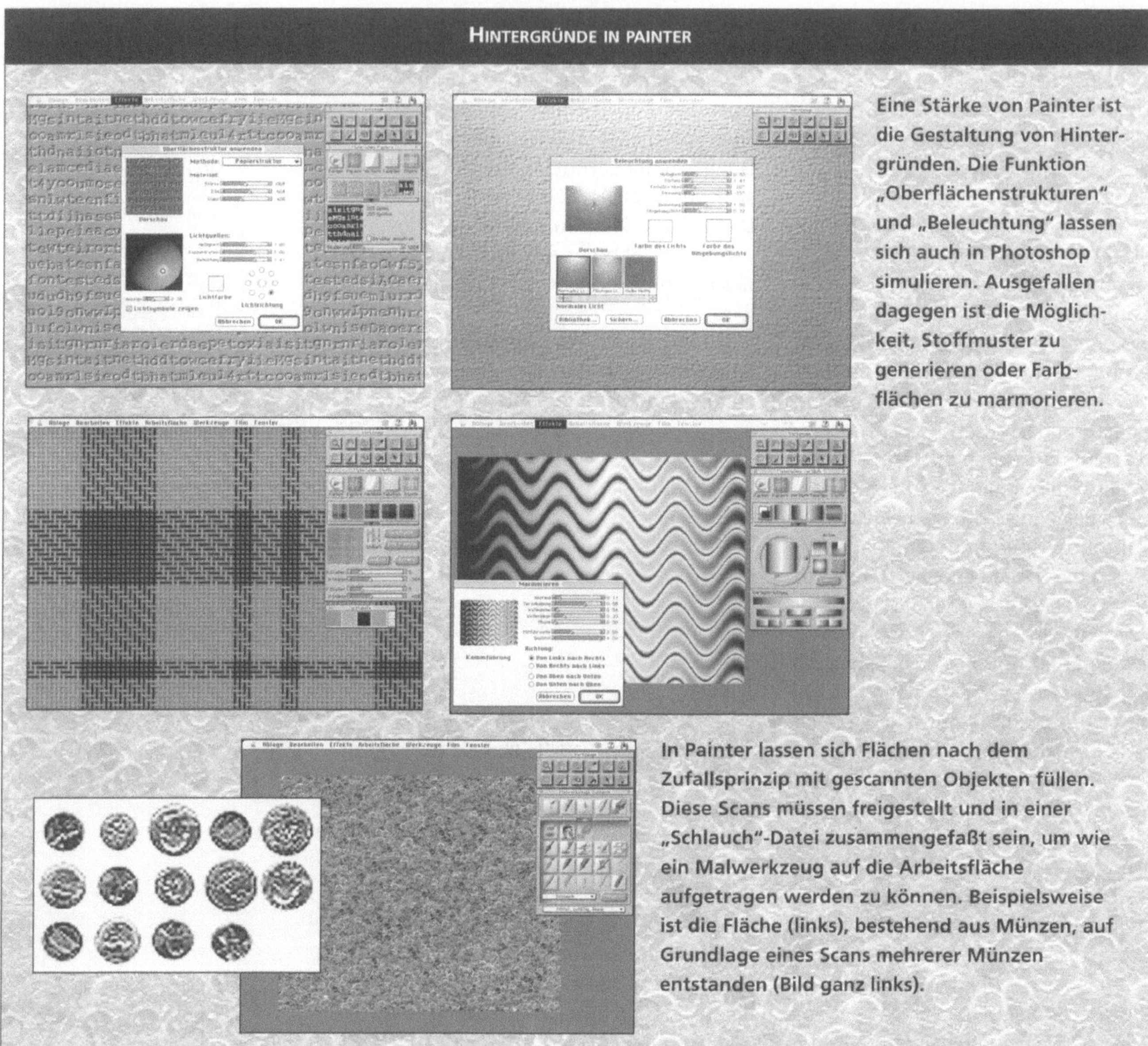

Hintergründe in Painter

Eine Stärke von Painter ist die Gestaltung von Hintergründen. Die Funktion „Oberflächenstrukturen" und „Beleuchtung" lassen sich auch in Photoshop simulieren. Ausgefallen dagegen ist die Möglichkeit, Stoffmuster zu generieren oder Farbflächen zu marmorieren.

In Painter lassen sich Flächen nach dem Zufallsprinzip mit gescannten Objekten füllen. Diese Scans müssen freigestellt und in einer „Schlauch"-Datei zusammengefaßt sein, um wie ein Malwerkzeug auf die Arbeitsfläche aufgetragen werden zu können. Beispielsweise ist die Fläche (links), bestehend aus Münzen, auf Grundlage eines Scans mehrerer Münzen entstanden (Bild ganz links).

der über den „Beleuchtungseffekt", wie bereits vorher beschrieben.

Ein Tip noch zum Schluß: Die Macintosh-Bildschirmhintergründe lassen sich auch als Muster definieren. Öffnen Sie einfach das Kontrollfeld, und kopieren Sie über Zwischenablage die Struktur, bevor Sie diese in eine Datei in Photoshop einsetzen.

Painter

Painter besitzt ein fast unerschöpfliches Potential für die Gestaltung von Hintergründen. Da Painter aber noch nicht so verbreitet ist wie Photoshop, sollen an dieser Stelle nur kurz die Besonderheiten angerissen werden.

Papierstrukturen: Diese können aus der Materialien-Palette ausgewählt werden und über „Oberflächeneigenschaften: Oberflächenstruktur anwenden" im Effekte-Menü aufgetragen werden.

Stoffe: Über die Materialien-Palette wählen Sie ein Stoffmuster aus, das Sie anschließend mit dem Farbeimer-Werkzeug auf die Arbeitsfläche auftragen. Die Farbigkeit des Stoffmusters läßt sich ändern, indem Sie auf „Farbtabelle" in der Palette klicken. Wählen Sie eine neue Farbe aus dem Farbkreis aus, und klicken Sie, bei gehaltener Wahltaste, auf die zu ersetzende Farbe in der Farbtabelle.

Marmorieren: Dieses alte Handwerk wird quasi durch Painter neu belebt. Bei dieser Funktion läßt sich der Effekt simulieren, den ein Kamm produziert, der langsam durch noch flüssige Farbe gezogen wird.

Schlauch-Dateien: Diese spezielle Technik erlaubt es, Hintergründe zu gestalten, die nicht auf einem sich wiederholenden Muster basieren. Bei dieser Technik läßt sich beispielsweise ein Scan von mehreren Münzen in ein Malwerkzeug umwandeln. Beim Zeichnen werden die einzelnen Münzen in Abhängigkeit von Andruckstärke oder Malrichtung aufgetragen. Anstatt nun eine komplette Arbeitsfläche von Hand zu bemalen, bietet sich an, über „Strich: Strich aufnehmen" in der Malwerkzeug-Palette die Bewegung der Maus aufzuzeichnen und diese über „Auto Wiedergabe" vom Programm wiederholen zu lassen.

QuarkXPress

Eine einfache Technik erlaubt es, in QuarkXPress zweifarbige Struktur-Hintergründe anzulegen. Ausgangsbasis ist eine Bitmap-Struktur, die in QuarkXPress in einen Bildrahmen geladen wird. Über „Objekt: Modifzieren" definieren Sie die Hintergrundfarbe des Rahmens und über „Stil: Farbe" weisen Sie dem Rahmeninhalt eine Farbigkeit zu. Da bei einem Bitmap alle weißen Flächen durchsichtig sind, kombinieren sich die Farben des Rahmeninhaltes und des Rahmenhintergrundes. Ideal ist dies, um einer farbigen Fläche in QuarkXPress etwas mehr Struktur und Tiefe zu geben. Bei der Bitmap-Struktur kann es sich um ein gescanntes Foto handeln oder aber auch um eine in Photoshop gestaltete Struktur. Beispielsweise eignet sich der Filter „Rendering: Differenz-Wolken" sehr gut oder aber auch der „Störungsfilter" (in der Rubrik „Störungen hinzufügen"). Wenn Sie eine Fläche mit „Differenz-Wolken" anlegen, verwenden Sie bei der Modusänderung auf „Bitmap" die Option „Diffusion Dither". Bei dieser Option werden die Grauwerte des Bildes durch ungleichmäßige Rasterung simuliert (im Gegensatz zu Pattern-Dither, der sie über ein gleichmäßiges Raster macht). Verwenden Sie den Filter „Störungen hinzufügen", setzen Sie den Wert in dem Dialog sehr hoch, und benutzen Sie die Option „50% Schwellwert" beim Umwandeln in den Bitmap-Modus. Ideal ist diese Struktur für einen Farbverlauf. Um einen Farbverlauf in QuarkXPress anzulegen, rufen Sie die Farbpalette über das Ansicht-Menü auf („Farben zeigen"). Wählen Sie eine Verlaufsart aus dem Aufklappmenü, und bestimmen Sie Farbe #1 und #2. Der einzige Nachteil dieser Methode ist, daß der spätere Farbeindruck sehr schwer zu bestimmen ist, da die Bitmap-Fläche in der Darstellung zu grob ist.

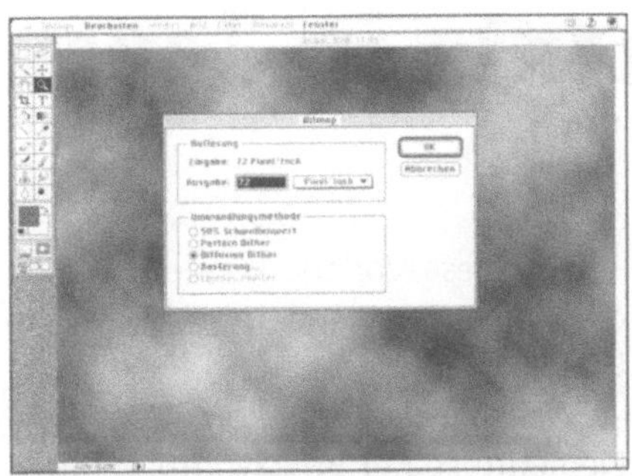

Zwei Beispiele, wie eine Bitmap-Struktur eine Farbfläche bereichern kann. Eine mit „Differenz-Wolken" gestaltete Fläche wurde gedithert und in einen Bildrahmen geladen (oben). Unten: „Störungen hinzufügen" auf einen Farbverlauf angewendet.

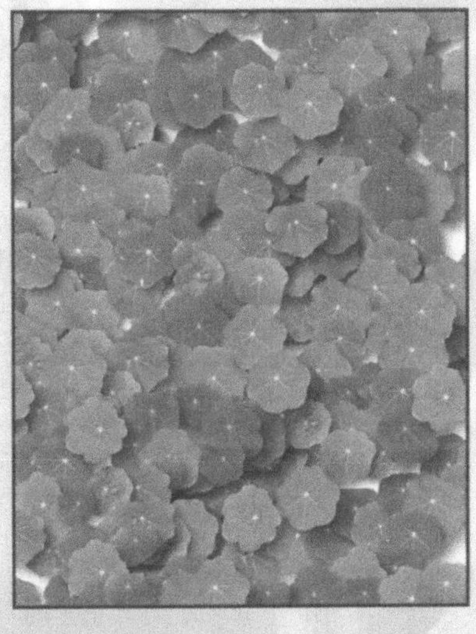

Benötigte Software:

Painter

Grafikelemente im Layoutprogramm

Haben Sie je versucht, eine Grafik in Illustrator oder FreeHand paßgenau zu Ihrem Layout zu gestalten? Dies ist bei weitem nicht so einfach, wie es eigentlich sein sollte. Auch wenn zukünftig die Grenzen zwischen Layout- und Grafikprogramm immer weiter verschwinden werden, noch ist es nötig, in diesem Fall zu tricksen.

Öffnen Sie das fertig gestaltete Layout, in das Sie Grafikelemente plazieren wollen, und verschieben Sie über die Rollbalken das Layout so, daß es fast bildschirmfüllend zu sehen ist. Über Befehl-Umschalttaste-3 (Macintosh Betriebssystemfunktion) erzeugen Sie eine Bildschirmkopie, die auf Ihrer Festplatte als PICT-Datei gespeichert wird.

Öffnen Sie die Datei in Photoshop, beschneiden Sie die Vorlage, und importieren Sie diese in FreeHand oder Illustrator (für Illustrator 5.5 muß die Datei als EPS gespeichert sein).

Arbeiten Sie mit FreeHand, achten Sie darauf, daß in den Voreinstellungen „Bessere (langsamere) Darstellung" und „Hochauflösende TIFF-Darstellung" aktiviert sind, da sonst die Qualität der Darstellung nicht ausreicht.

Auf diese Vorlage können Sie nun die Elemente zeichnen und später in QuarkXPress importieren.

Wenn es darauf ankommt, daß die Elemente später im Layoutprogramm nicht mehr skaliert werden müssen, beachten Sie folgendes:

Vor dem Erzeugen der Bildschirmkopie wählen Sie 100% als Darstellungsgröße in Ihrem Layoutprogramm. Wenn dies nicht möglich ist, da sonst nicht der gesamte Bereich zu sehen ist, dann wählen Sie den Bildschirmausschnitt so, daß die komplette Seite zu sehen ist. In Photoshop stellen Sie dann die Seite frei und vergrößern die Bildgröße („Bildgröße" im Bild-Menü) auf die ursrpünglichen Dimensionen Ihres Layouts.

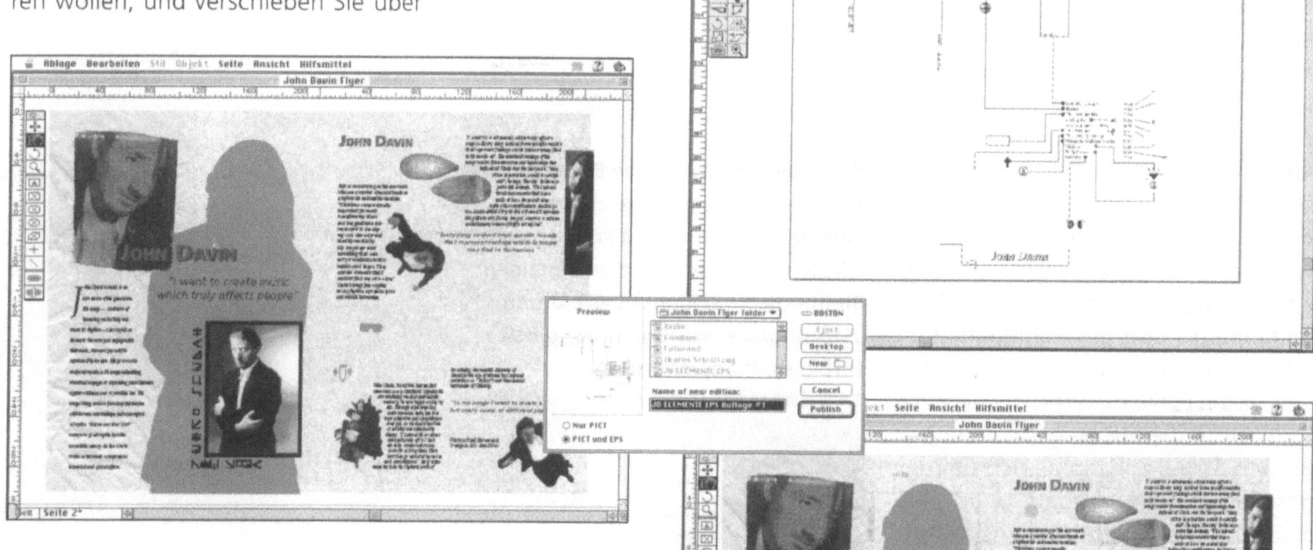

Um grafische Elemente paßgenau in ein Layout zu integrieren, wurde eine Bildschirmkopie in einem Grafikprogramm als Vorlage geladen.

Macintosh: Arbeiten Sie auf einem Macintosh mit ausreichend Speicher, bietet sich an, die Datei als Verleger abzuspeichern. Diese Funktion ist dazu gedacht, daß zwei oder mehrere Per-

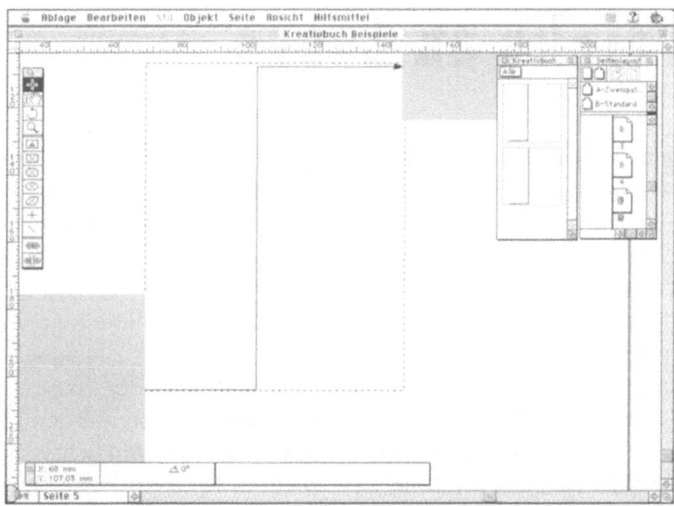

In QuarkXPress lassen sich häufig benötigte Elemente in einer Bibliothek ablegen. Ecklinien können so beispielsweise einmal gestaltet und immer wieder abgerufen werden.

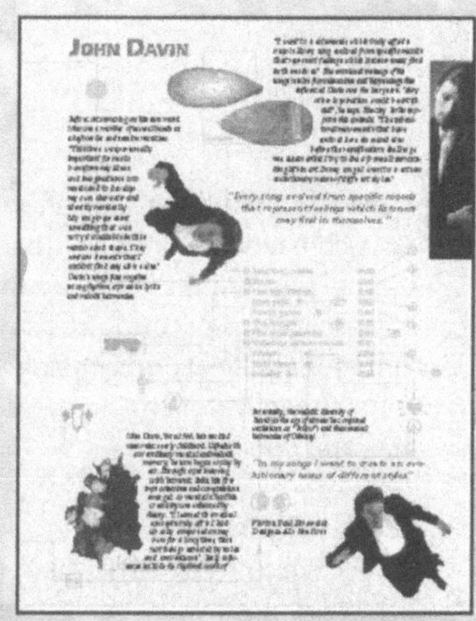

BENÖTIGTE SOFTWARE:

ILLUSTRATOR ODER FREEHAND

sonen gemeinsam an einem Dokument arbeiten können. In der Praxis sieht das so aus, daß Sie an einem Layout arbeiten und eine Illustration plazieren, die noch nicht 100%ig fertig ist, da ein anderer Designer gerade simultan daran arbeitet. Jedesmal wenn dieser seine Datei speichert, wird in Ihrem Layout die Datei automatisch aktualisiert. Besitzen Sie genügend Speicher (eventuell virtuellen Speicher einschalten), können Sie Ihr Grafik- und Layoutprogramm gleichzeitig geöffnet haben. Jede Änderung im Grafikprogramm ist so fast unmittelbar in Ihrem Layout zu sehen.

Im Grafikprogramm wählen Sie alle Elemente aus, die „verlegt" werden sollen und rufen über „Bearbeiten: Verleger/Abonnent: Neuer Verleger" die Funktion auf und speichern den Verleger. In Ihrem Layoutprogramm plazieren Sie einen Bildrahmen und laden die Illustration über „Bearbeiten: Abonnieren".

ECKPFADE IN QUARKXPRESS

QuarkXPress verfügt über ein Polygon-Werkzeug, mit dem sich eine Vielzahl von Aufgaben bewältigen lassen. Unglücklicherweise hat das Polygon-Werkzeug einen Nachteil: Der Pfad muß immer geschlossen sein. Es ist also nicht möglich, eine Linie mit Eckpunkten in QuarkXPress zu zeichnen. Man ist darauf angewiesen, diese aus einzelnen geraden Linien zusammenzubauen. Dies ist alles sehr aufwendig, da für jeden Eckpunkt in die größtmögliche Darstellung gewechselt werden muß, um die Eckpunkte zu überprüfen.

Wenn Sie diese Art der Linien häufiger für ein Dokument benötigen, sollten Sie eine Bibliothek anlegen. Dabei handelt es sich um eine Funktion in QuarkXPress, um häufiger verwendete Elemente griffbereit zu haben. Über „Ablage: Neu: Bibliothek" kreieren Sie eine leere Bibliothek, in die Objekte durch Ziehen auf die Bibliothek eingefügt werden können.

Gestalten Sie Ihren Pfad aus mehreren Einzelstrichen, wählen Sie alle aus, und gruppieren Sie diese. Mit dem Einfügewerkzeug können Sie Pfade innerhalb der Gruppe auswählen, ohne die Gruppierung auflösen zu müssen. Bei gehaltener Umschalttaste schränken Sie die Bewegungsrichtung auf die 45° Achsen ein, wodurch sich ein Endpunkt eines Pfades parallel verschieben läßt.

Tips & Tricks zu Logos

Zum Thema Logo-Gestaltung ließe sich einiges schreiben, aber dieses Kapitel beschränkt sich nur auf einige wesentliche Tips und Tricks für das Einbinden eines Logos in eine Gestaltung sowie Möglichkeiten, Logos etwas aufzupolieren.

Logos umwandeln

Selbst wenn man als Designer keine Firmenlogos entwirft: Spätestens wenn es darum geht, das Logo des Kunden in eine Anzeige zu integrieren, kommt man indirekt damit in Berührung. Da die meisten Kunden ihr Logo nur als Aufsichtsvorlage liefern, muß dieses gescannt werden, mit dem Nachteil, daß dieses Logo manchmal nur eingeschränkt nutzbar ist. Hauptsächlich, weil es, je nach Auflösung, nur begrenzt skalierbar ist, und weil es freigestellt werden muß, um es vor einem Hintergrund zu plazieren.

Logo als Strichzeichnung: Dies ist wohl der einfachste Fall. Das Logo besitzt nur eine Farbe und ist eine reine Strichzeichnung ohne Zwischentöne. Hier ist es naheliegend, das Logo hochauflösend zu scannen und als Bitmap zu speichern. In QuarkXPress läßt sich dieses Logo in einen Bildrahmen importieren, und über „Stil: Farbe" kann dem Logo eine Farbe zugewiesen werden. Da weiße Flächen im Scan in QuarkXPress durchsichtig sind, kann ein Bitmap-Scan auf einem beliebigen Hintergrund plaziert werden. Zum Umwandeln eines Scans zu Bitmap scannen Sie es als Graustufenbild in der höchstmöglichen Auflösung. Über „Helligkeit/Kontrast" in Photoshop beseitigen Sie unerwünschte Verschmutzungen, bevor Sie es mit der Option „50% Schwellwert" zu Bitmap umwandeln.

Logo in EPS-Datei umwandeln: Die bessere Lösung ist es, das Logo wieder in eine EPS-Grafik umzuwandeln. Dazu müssen Sie noch nicht einmal das Programm Adobe Streamline besitzen, das auf diese Anwendung spezialisiert ist. Photoshop besitzt ebenfalls die Funktion, ein Pixelbild in Pfade umrechnen zu können. Scannen Sie das Logo in der höchstmöglichen Auflösung. In den meisten Fällen wird das Logo als Aufsichtsvorlage auf weißem Hintergrund geliefert. Über „Auswahl: Farbbereich auswählen" ist es möglich, alle Bereiche einer Farbigkeit zu erfassen. Die Auswahl kann dann anschließend über das Aufklappmenü der Pfadpalette in einen Pfad umgewandelt werden („Pfad erstellen"; Toleranz 1,0 Pixel). Über „Ablage: Exportieren: Pfade -> Illustrator" wird der aktivierte Pfad als Illustrator-Datei gespeichert. Wenn Sie die Datei in Illustrator laden und nichts sehen, liegt das daran, daß die Pfade keine Farbigkeit besitzen, folglich auch nicht zu sehen sind.

Logo freistellen: In wenigen Fällen ist das Logo zu aufwendig zum Nachbauen, und die einzige Lösung, das Logo auf einem Hintergrund in QuarkXPress zu plazieren, ist, dieses freizustellen. Dabei gehen Sie im Prinzip vor wie im Absatz zuvor beschrieben. Da das Logo, in der Regel, auf einem weißen (bzw. einfarbigen) Hintergrund geliefert wird, wählen Sie über „Farbbereich auswählen" die Hintergrundfarbe aus und kehren die

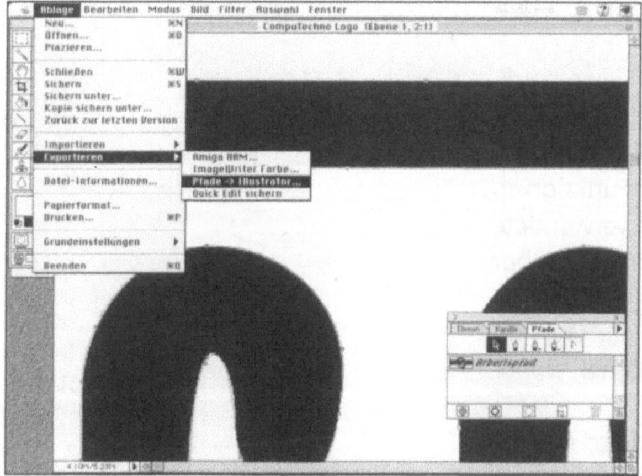

Links: Die Pfade lassen sich als Illustrator-Datei speichern.

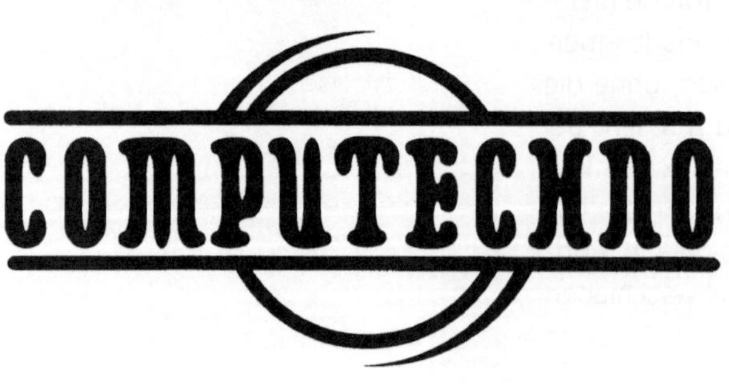

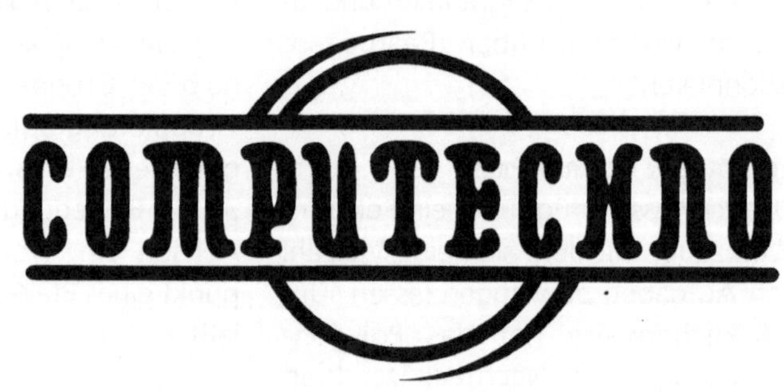

Unten: Orginal und Fälschung. Das rechte Logo ist das unkorrigierte Ergebnis aus Photoshop.

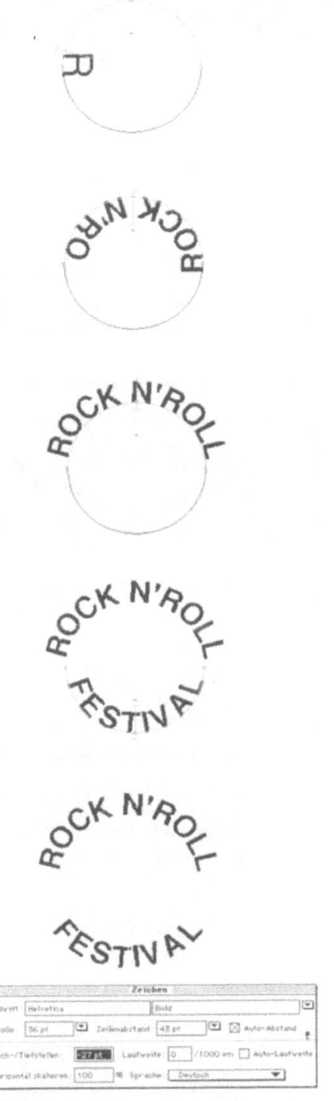

Die einzelnen Arbeitsschritte, um in Illustrator einen Pfadtext entlang eines Kreises zu gestalten.

Auswahl um („Auswahl: Auswahl umkehren"), bevor Sie diese in einen Pfad umwandeln. Anschließend sichern Sie den Arbeitspfad, definieren diesen als Beschneidungspfad (über die Pfadpalette) und sichern das Logo als EPS-Datei ab („Ablage: Kopie sichern unter").

Text um einen Kreispfad

FreeHand und Illustrator besitzen beide die Fähigkeit, Text entlang eines Pfades zu schreiben. Sehr häufig wird ein Kreispfad benutzt, um Text in einem Bogen um ein Objekt zu legen.

FreeHand benötigt nur zwei Arbeitsschritte, um Text an einen Pfad anzupassen.

Illustrator: Zeichnen Sie einen Kreis, und teilen Sie den Kreis mit dem Scheren-Werkzeug auf der linken und rechten Seite. Wenn Sie nun mit dem Textwerkzeug über dem Pfad sind, ändert sich dessen Form in eine Einfügemarke mit einer Wellenlinie und zeigt damit an, daß Sie durch einen Mausklick die Einfügemarke auf dem Pfad plazieren können. Klicken Sie auf die obere Hälfte des Kreises, und geben Sie den Text ein. Sehr oft ist der Text nur teilweise oder gar nicht zu sehen. Wählen Sie dann das Einzelauswahl-Werkzeug (Mauspfeil), und verziehen Sie die Einfügemarke bis der Text erscheint. Zum Zentrieren des Textes rufen Sie die Funktion „Text: Ausrichtung: Zentriert" auf.

Der Text für den unteren Kreisbogen wird ebenso eingegeben. Damit aber die Oberkante des Textes bündig mit dem Kreispfad ist, muß dieser über „Hoch/Tiefstellen" in der Zeichenpalette (Fenster-Menü) nach unten versetzt werden. Geben Sie dazu entsprechend eine negative Punktzahl in das Eingabefeld ein.

Benötigte Software:

Photoshop, Illustrator, FreeHand

FreeHand: Eine etwas einfachere Lösung bietet FreeHand. Klicken Sie mit dem Textwerkzeug auf die Arbeitsfläche, und schreiben Sie den gewünschten Text. Den Text, der in dem unteren Kreisbogen stehen soll, geben Sie in einer neuen Zeile ein. Ist der Textrahmen und der Kreis aktiviert, rufen Sie „Schrift: Mit Zeichenweg verbinden" auf, und der Text schmiegt sich an den Kreispfad.

Wollen Sie nur einen Text im unteren Bereich des Kreises haben, müssen Sie die erste Zeile leer lassen.

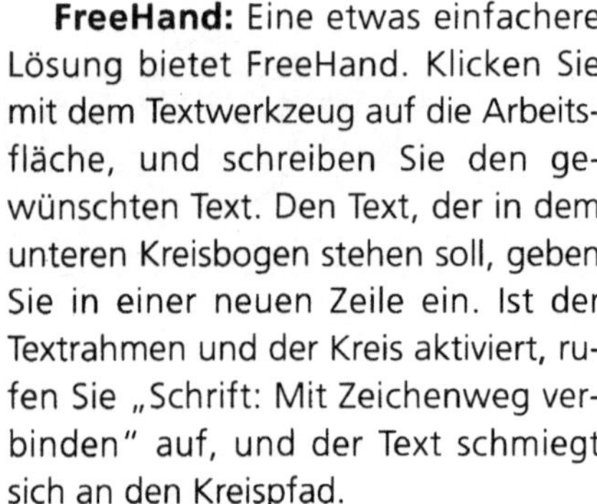

Eine Konturschrift sieht wesentlich besser aus, wenn eine konturlose Kopie des Schriftzuges deckungsgleich positioniert wird.

Richtige Konturschrift

Beide Grafikprogramme erlauben es, der Kontur einer Schrift eine andere Farbe zu geben. Dabei liegt allerdings jeweils die Hälfte der Kontur außerhalb und innerhalb des Pfades. Sehr häufig entsteht dabei der unschöne Nebeneffekt, daß die Kontur sich an den schmalen Stellen berührt. Dies läßt sich vermeiden, wenn Sie auf den Schriftzug eine konturlose Kopie des Schriftzuges positionieren. Für eine 1pt Kontur definieren Sie die Kontur mit 2 pt, da durch die Kopie die Hälfte der Kontur verdeckt wird.

Illustrator: Kopieren Sie über Befehlstaste-C den Schriftzug in die Zwischenablage. Über „Bearbeiten: Davor einsetzen" (Befehlstaste-F) setzen Sie die Kopie deckungsgleich auf das Orginal.

FreeHand: In FreeHand muß die Schrift zuerst in Zeichenwege umgewandelt werden, um eine Kontur von beliebiger Stärke anzulegen („Schrift: In Zeichenwege umwandeln"). Über „Bearbeiten: Klonen" wird eine deckungsgleiche Kopie erstellt.

Logos & Clip Art verschönern

Photoshop eignet sich hervorragend, um ein FreeHand- oder Illustrator-Logo aufzuwerten. Hier ein paar Anregungen, was Sie machen können.

Laden Sie das Logo (FreeHand muß das Logo als Illustrator-Datei exportieren) in Photoshop, und wählen Sie über „Farbbereich auswählen" oder mit dem Zauberstab den gewünschten Farbbereich aus . Wenn Sie alle Farbbereiche gleichzeitig bearbeiten wollen, bietet es sich an, die schwarze Umrandung auszuwählen und die Auswahl umzukehren. Über „Störungen hinzufügen" („Filter: Störungsfilter"), geben Sie den glatten Flächen etwas mehr Körnung. Im „Beleuchtungseffekt" („Filter: Renderingfilter") läßt sich diese Struktur nutzen, um den Flächen eine „rauhe" Oberfläche zu geben. Dazu definieren Sie als Reliefkanal einen der Farbkanäle (beispielsweise Rot). Die Option „Weiß entspricht voller Höhe" muß angewählt sein. Zusätzliche Lichtquellen lassen sich durch Ziehen des Glühbirnen-Symbols auf der Arbeitsfläche positionieren.

Anstatt die Störungen direkt in die Farbflächen einzufügen und einen der Farbkanäle als Reliefkanal zu verwenden, ist es fast noch besser, einen eigenen Reliefkanal anzulegen. Dazu rufen Sie über die Kanalpalette die Funktion „Kanal hinzufügen" auf. In diesem Ka-

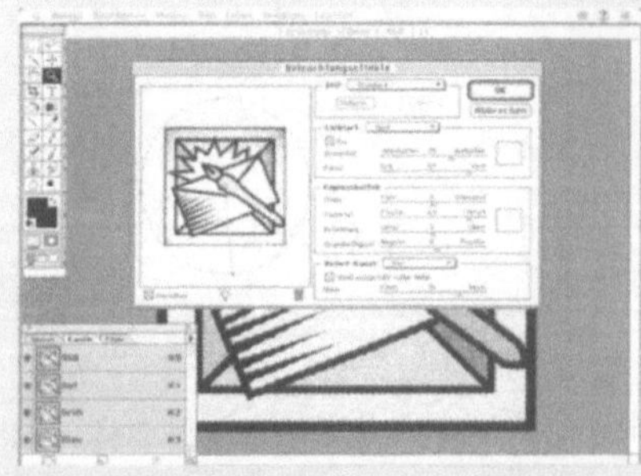

Oben: Hier wurden Störungen hinzugefügt und ein Farbkanal als Reliefkanal definiert.

Unten: Differenz-Wolken bilden die Basis der Struktur.

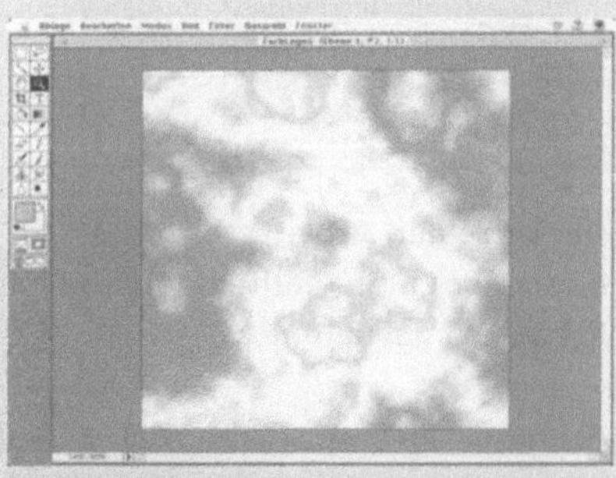

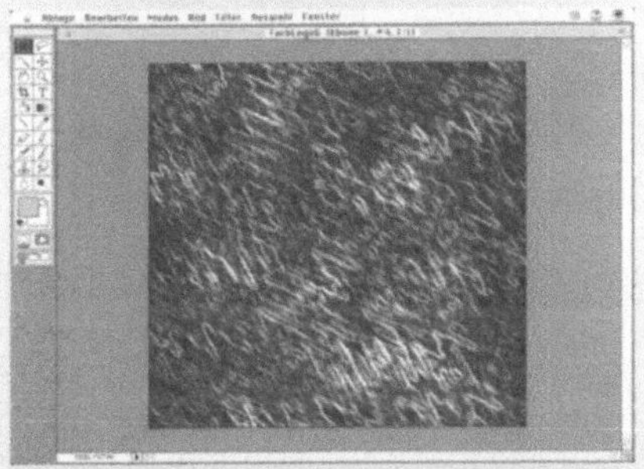

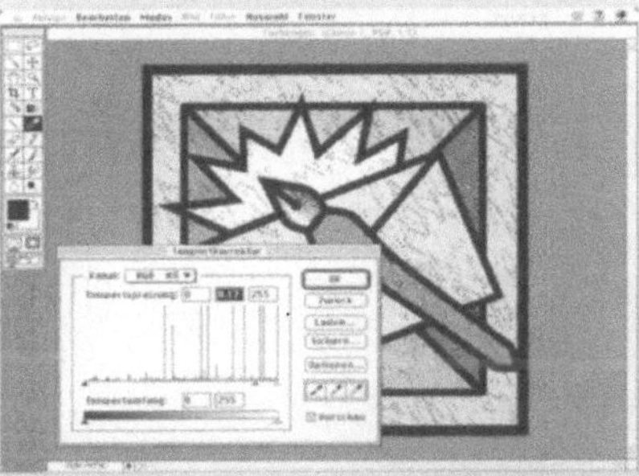

Anstatt die Struktur über einen Reliefkanal zu erzielen, wurde diese als Auswahl geladen und die Farbflächen über die Tonwertkorrektur modifiziert. Die Basis der Struktur ist über den Differenz-Wolken-Filter entstanden, der mit dem Kräuseln-Filter und „Konturen finden" behandelt wurde.

nal kreieren Sie die Struktur, die später im „Beleuchtungseffekt" als Reliefkanal definiert wird. Im Kapitel „Hintergründe" in diesem Buch sind noch weitere Anregungen, wie ein Reliefkanal eingesetzt werden kann.

Die dritte Variante nutzt den zusätzlichen Kanal als Auswahl, um über die „Tonwertkorrektur" einzelne Bereiche abzudunkeln oder aufzuhellen. Beispielsweise wurde die an Holzmaserung erinnernde Struktur über die Kombination mehrerer Filter erreicht:

1. Rendering: Differenz-Wolken,
2. Verzerrungsfilter: Kräuseln,
3. Stilisierungsfilter: Konturen finden.

Das Ergebnis wurde invertiert („Bild: Festlegen: Umkehren") und in der „Tonwertkorrektur" die Auto-Funktion eingesetzt. Damit die Struktur sich nicht auf die Konturen des Logos auswirkt, wurden erst die Flächen des Logos auswählt und dann die Auswahl mit der Option „Schnittmenge bilden" aus Kanal #4 geladen. Die daraus entstandene Auswahl ist eine Kombination aus beiden Auswahlen und wurde genutzt, um über „Tonwertkorrektur" die Farbigkeit anzupassen.

Dies ist nur eine bescheidene Auswahl an Möglichkeiten, um einer Illustration oder einem Logo mehr Struktur zu geben. Auf der Photoshop 3.0 CD-ROM sind beispielsweise verschiedene Hintergrundstrukturen, die als Muster definiert werden können. Mit diesen Mustern lassen sich beliebige Flächengrößen füllen. Hierzu finden Sie ebenfalls mehr Informationen im Kapitel „Hintergründe".

BENÖTIGTE SOFTWARE:

PHOTOSHOP, ILLUSTRATOR, FREEHAND

Goldschrift 1 wurde in einem Grafikprogramm über zwei Verlaufsfüllungen gestaltet, eine für den inneren Bereich und eine jeweils für die Kanten der einzelnen Buchstaben (siehe Kapitel „Gold & Chrom").

PROFIT
INVESTMENT

Die Verlaufsfüllung des „Erde 2000"-Goldschriftzugs ist durch das Überblenden von Pfaden entstanden. Über diese Technik lassen sich ausgefallene Verläufe realisieren, wie man sie beispielsweise auch für Chrom benötigt.

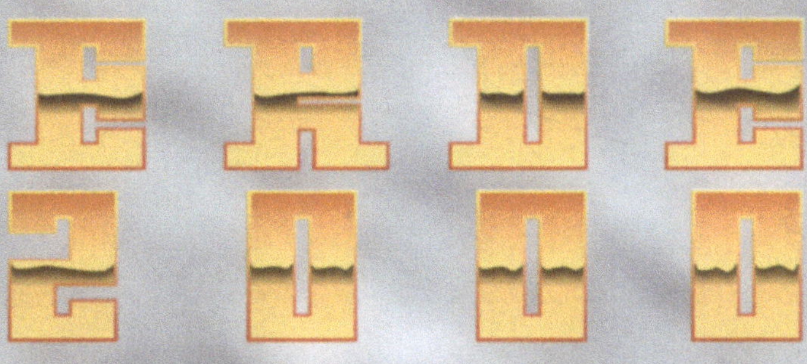

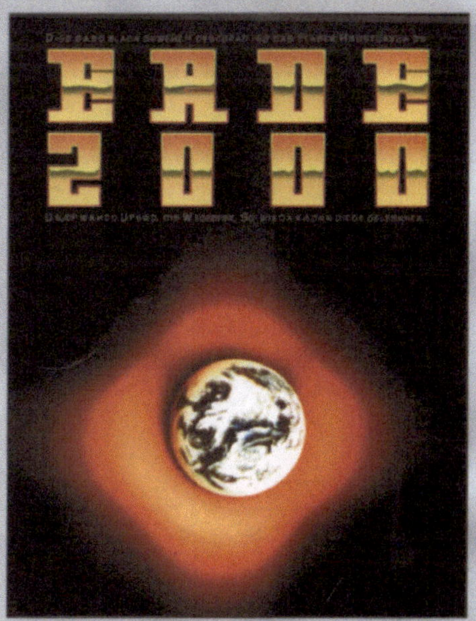

Dieser Goldschriftzug No. 3 ist wie der Schriftzug ganz oben entstanden, nur die Farben und die Verlaufsrichtung sind anders.

POLITUR
X

STAR WARS

Chrom in Photoshop: Der „Star Wars"-Schriftzug läßt sich über Kanaloperationen in Photoshop gestalten (siehe Kapitel „Gold & Chrom").

Dieser Chromeffekt wurde durch Überblenden von Pfaden in einem Grafikprogramm gestaltet.

Dieser Schneekristall aus „Glas" ist in Photoshop entstanden (siehe Kapitel „Glas & Wasser").

Der Hintergrund und die transparente Fläche auf dieser Doppelseite wurden direkt in QuarkXPress angelegt (siehe Kapitel „Transparente Flächen").

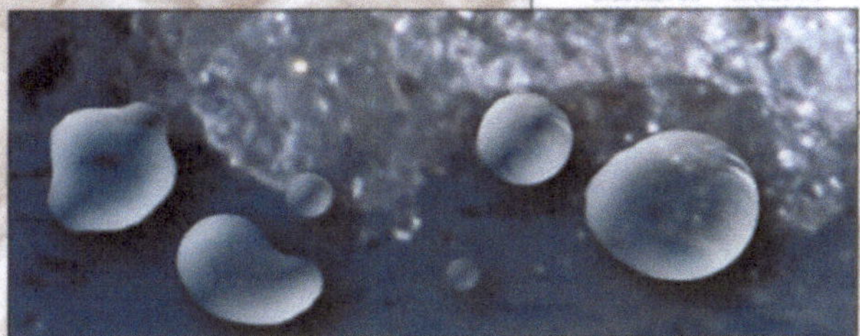

Voraussetzung für die Simulation von Wasser in Photoshop ist, daß die Vorlagen auf einer geeigneten Struktur plaziert werden, da ansonsten die Lichtbrechungen nicht zur Geltung kommen (Kapitel „Glas & Wasser").

Um Fotomotiven etwas mehr Pep zu geben, bietet sich an, diese mit einem Fotorand oder einem ausgefallenen Bildrahmen zu versehen. Der Fotorand läßt sich in Photoshop erstellen, der Bildrahmen in einem Grafikprogramm. Das besondere am Bildrahmen ist, daß er direkt in einem Layoutprogramm verwendet werden kann.
Die transparente Fläche hinter diesem Text ist ebenfalls direkt in QuarkXPress angelegt worden (siehe Kapitel „Transparente Flächen").

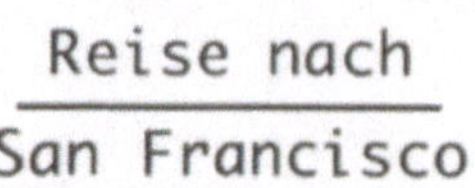

Links: Auch in Illustrator lassen sich transparente Effekte erzielen.

Um die Textlesbarkeit zu erhöhen, bietet es sich an, Fließtext mit einer transparenten Fläche zu hinterlegen wie in dem Beispiel oben. Für die Gestaltung der Doppelseite „Abenteuer Canyon" wurde die transparente Fläche in Photoshop erstellt, für die Doppelseite „Venedig heute" ist diese direkt in QuarkXPress angelegt worden. Die transparente Fläche auf der gegenüberliegenden Seite ist übrigens ebenfalls mit diesem Verfahren gestaltet worden: Der Text wurde mit einer weiß eingefärbten Bitmap-Struktur hinterlegt.

Dieses Foto ist mit einem Bildrahmen, der in einem Grafikprogramm erstellt wurde, direkt in QuarkXPress maskiert worden (siehe Kapitel „Bildrahmen").

Die goldenen 60er

Fotocollagen eignen sich hervorragend für Fotos mit einem direkten Bezug und die quasi eine Geschichte erzählen. Ein wichtiges Element von Fotocollagen sind weiche Überblendungen, wie sie hier in dem Beispiel rechts zu sehen sind. Diese lassen sich in Photoshop erzielen (siehe Kapitel „Fotoüberblendung“).

Alle Schattenflächen auf dieser Doppelseite sind direkt in QuarkXPress durch Plazieren einer Bitmap-Fläche angelegt worden. Die in diesem Beispiel verwendete Bitmap-Fläche hat eine Auflösung von 1200 dpi und 35% Schwarz-Anteil (siehe Kapitel „Weicher Schlagschatten“).

Damit freigestellte Objekte, wie beispielsweise diese Gitarre, in Layouts vor einem farbigen Hintergrund plaziert werden können, müssen diese mit einem Beschneidungspfad versehen werden (siehe Kapitel „Freistellen“).
Der Hintergrund in der Abbildung rechts ist als Bitmap-Fläche importiert und eingefärbt worden. Auf der übernächsten Doppelseite ist diese Struktur nochmal in groß zu sehen (siehe Kapitel „Hintergründe“).

Die Geschichte der Rockmusik

Was Sie bei Duplex, Triplex oder Quadruplex-Bilder beachten müssen, um diese aus einem Layoutprogramm belichten zu können, erfahren Sie im gleichnamigen Kapitel.

Polatransfer ist eine Technik aus der Fotografie, die sich auch in Photoshop simulieren läßt (siehe Kapitel „Polatransfer").

Um eine Überschrift oder einen Slogan besonders plakativ erscheinen zu lassen, bietet sich an, diese als Neonschrift zu gestalten. Die Neonschrift "Call the Hotline" wurde in einem Grafikprogramm entworfen, die Neonschrift in dem Beispiel ganz links („... New York") in Adobe Photoshop.

Weicher Schlagschatten für mehrere Objekte: Der Schatten für das Foto und den Schriftzug wurde als Einheit in Photoshop gestaltet.

Ein toller Blickfang sind Überschriften und Initialen die mit Fotos oder Strukturen gefüllt sind. Diesen Effekt kann man in einem Grafikprogramm erzielen.

Bewegungswischer lassen sich nicht nur für Fotos gestalten, wie bei der Wasserschildkröte, sondern auch für Grafiken und Illustrationen (siehe oben).

Links: Die Schatten auf dem Buchumschlag und hinter dem Bildrahmen wurden beide direkt in QuarkXPress gestaltet über eine Bitmap-Ditherfläche (siehe Kapitel „Schlagschatten").

Lesen Sie im Kapitel „Verknüpfte Pfade" nach, wie der „New York"-Schriftzug entstanden ist.

Reliefschriften oder Gravuren, wie in der Abbildung oben, lassen sich in wenigen Minuten in Photoshop gestalten. Dabei wurden beide Beispiele über unterschiedliche Verfahren erzielt: Die Reliefschrift wurde auf einer zusätzlichen Ebene in der Ebenenpalette von Photoshop plaziert und der Modus auf „Hartes Licht" geändert, die Gravur ist über den Beleuchtungseffekt-Filter entstanden.

ROUGH BOYS

Oben: Die Stempelschrift läßt sich in Photoshop gestalten und dann als TIFF in QuarkXPress importieren. Soll der Schriftzug vor einem farbigen Hintergrund plaziert werden, muß dieser vom Graustufenmodus zu Bitmap umgewandelt werden.

One Day with the

ROUGH BOYS

Links: Der „Globetrotter"-Schriftzug wurde in Adobe Dimensions gestaltet und anschließend in Photoshop konvertiert. Um etwas mehr Räumlichkeit zu erhalten, ist der Schriftzug nochmal als Schatten auf dem Globus positioniert worden (siehe Kapitel „Text um Objekt"). Damit der Globus anschließend in einem Layoutprogramm vor einem farbigen Hintergrund plazierbar ist, muß dieser mit einem Beschneidungspfad versehen werden (siehe Kapitel „Freistellen").

Bei dieser Gestaltung ist der Fließtext mit dem Foto gefüllt worden. Was in der klassischen Repro kein Problem ist, läßt sich im Computer bei weitem nicht so leicht herstellen (siehe Kapitel „Fließtext").

Bei der Speisekarte auf der rechten Seite kommt ein „Wellenmuster" zum Einsatz, das in einem Grafikprogramm angelegt wurde. Insbesondere wenn die Muster transparente Bereiche enthalten, lassen sich diese sehr flexibel in ein Layout einbinden. Eine weitere Möglichkeit, direkt in QuarkXPress die statischen Farbflächen aufzulockern, ist, eine Bitmap-Struktur zu verwenden. Die beiden Strukturen rechts sind in Photoshop entstanden (Filter „Differenz Wolken" und „Störungen hinzufügen").

Es gibt verschiedene Möglichkeiten in Photoshop Hintergründe über die Musterfunktion zu gestalten: In dem Beispiel ganz oben wurde ein Fotoausschnitt als Muster definiert und damit eine Fläche gefüllt. Eine andere Variante ist, einen zusätzlichen Kanal mit einem Muster zu füllen und diesen anschließend im Beleuchtungsfilter als Reliefkanal zu definieren (siehe Kapitel „Hintergründe").

Adobe Illustrator besitzt eine Diagrammfunktion, die es erlaubt, eigene Säulendesigns zu verwenden. Im Gegensatz zu dem Diagramm ganz unten, wurde die Säule nicht in Adobe Dimensions gestaltet, sondern direkt in Illustrator. Der Vorteil: Da die Säulen überwiegend aus Verlaufsfüllungen bestehen, benötigen diese nicht soviel Speicher wie die „Flaschen" aus dem unteren Diagramm.

Eigene Datenpunkte für Liniendiagramme lassen sich ebenfalls in Illustrator gestalten. Die Datenpunkte in dieser Abbildung sind in Adobe Dimensions importiert und mit einer Kante versehen worden.

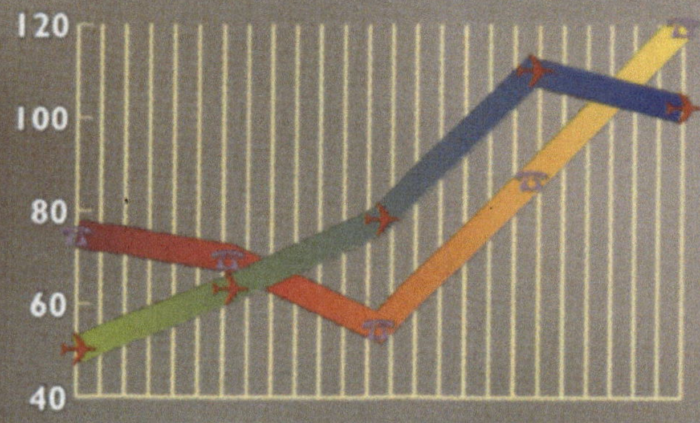

Die Säulen in diesem Diagramm sind in Adobe Dimensions entstanden und anschließend in Illustrator importiert worden. Der Nachteil: Objekte aus Dimensions sind in der Regel sehr speicherintensiv.

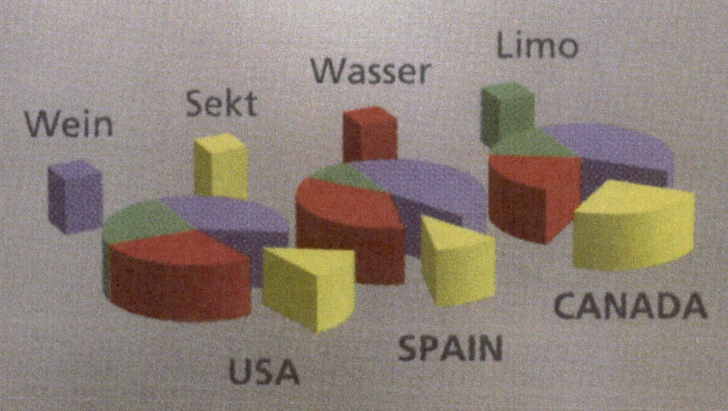

Diese Diagramme sind in Illustrator entstanden und anschließend in Adobe Dimension modifiziert worden. Was dabei zu beachten ist können Sie im Kapitel „Informationsgrafiken" nachlesen.

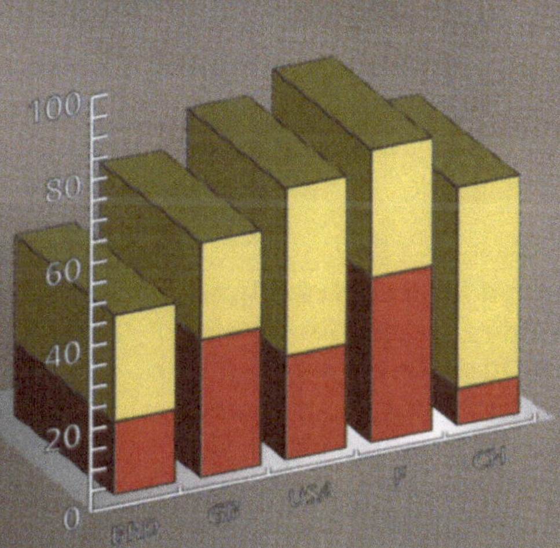

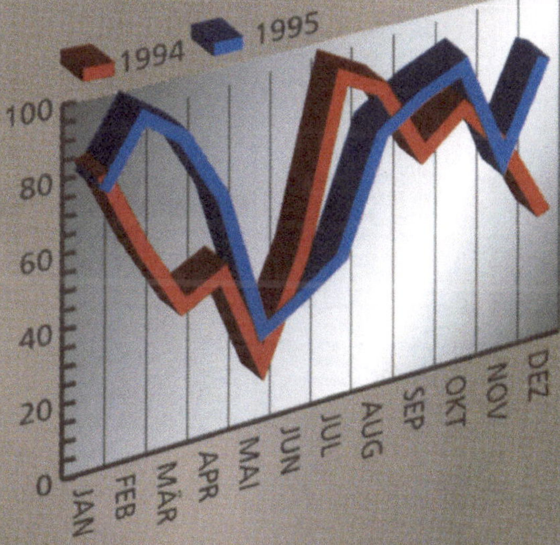

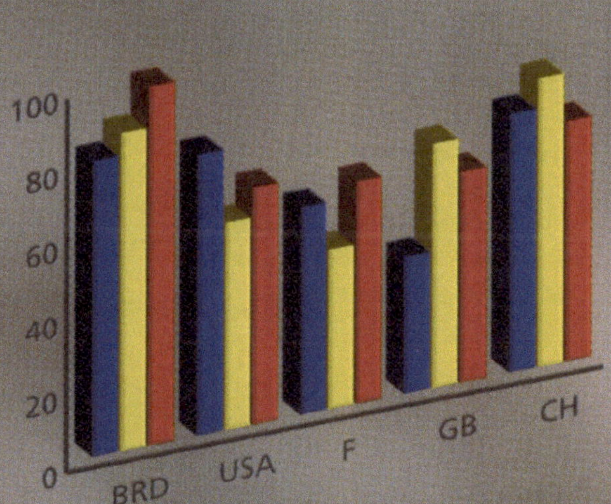

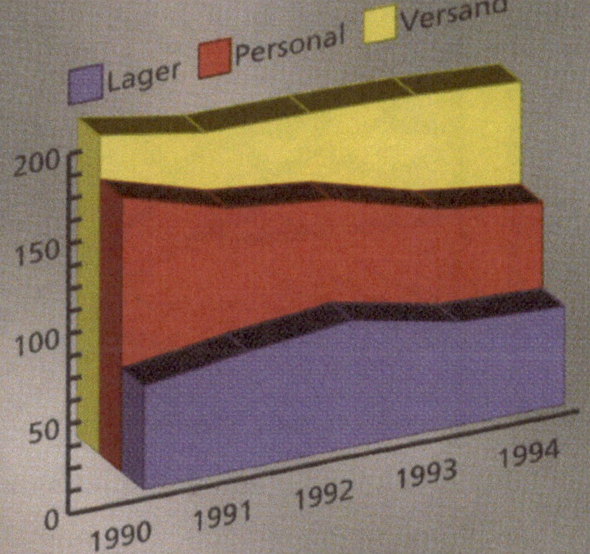

Dieser doppelseitige Flyer enthält viele der Praxistips, die in diesem Buch vorgestellt werden, beispielsweise wie transparente Flächen direkt in QuarkXPress angelegt werden oder wie sich Quadruplex-Bilder aus QuarkXPress belichten lassen. Das Quadruplex-Verfahren eignet sich auch gut für Hintergründe: Die Papier-Struktur in dieser Gestaltung (und auf dieser Seite) ist ein Graustufenscan von einem Löschpapier. Der Vorteil: Über dieses Verfahren läßt sich der Scan beliebig einfärben, ohne dabei den Speicherbedarf zu erhöhen (siehe Kapitel „Hintergründe" und „Duplex, ...").
Im Kapitel „Grafikelemente im Layoutprogramm" finden Sie Tips, wie sich Grafikelemente auf Ihre Gestaltung im Layout abstimmen lassen, wie im oberen Beispiel auch zu sehen ist.

EPS-Clipart können Sie in Photoshop über diverse Filter etwas mehr Struktur geben. Hier in diesem Beispiel wurde die EPS-Grafik konvertiert und den Farbflächen über den Beleuchtungsfilter eine Papierstruktur gegeben (siehe Kapitel „Tips & Tricks").

Danksagung

Dieses Buch wäre nicht ohne die freundliche Unterstützung folgender Firmen entstanden:

Macromedia Deutschland
Adobe Deutschland
QuarkXPress USA
Fractal Design USA

Die Firma Classic Pio Partner stellte zudem eine ihrer Photo CDs zur Verfügung, die ich nur wärmstens empfehlen kann. Die Fotos auf dieser Seite, stammen von der „Classic Business Equipment, Vol. 1".

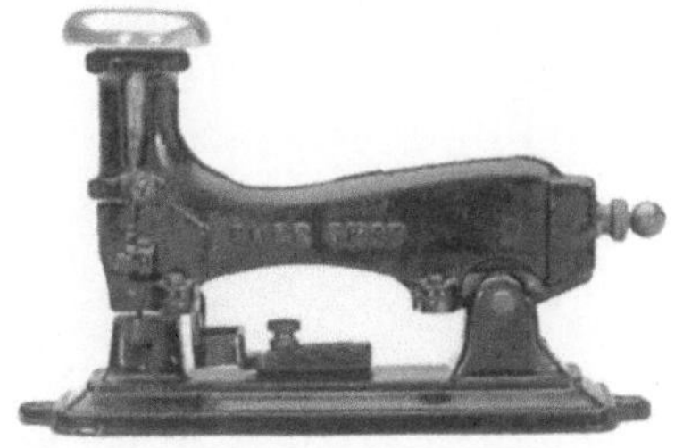

PAGE
Cyberdesign
Neues Berufsfeld für Typografen:
Online- und Multimedia-Gestaltung
Neue Serie:
Farbe in der Praxis
PrePress-Software

PAGE
AD
Digitale Fotografie
Die besten Großbildschirme
Die besten Grafikkarten
Traumberuf Art-director
Erfolgsrezepte kreativer Magazin-Gestalter
5 Seiten David Carson Workshop

PAGE
Online-Publishing
Verleger entdecken Computernetze als Medium
Druckvorstufe
Grafik
Werbung
Software
Hardware
Back
Papier
Besser auswählen, recyceln, konservieren

PUBLIZIEREN UND PRÄSENTIEREN MIT DEM PERSONAL COMPUTER
C 10842
Januar 1996
11. Jahrgang
12 Mark
12 Franken
91 Schilling
1000 Ptas
PAGE
Die Macht der Computergrafik
Wie Sie mit Infografiken besser kommunizieren
Bildquelle Photo CD:
Selbst erzeugen und optimal nutzen
Publishing
→ Digitalkamera für Still-Life- und Action-Fotos
→ Photoshop-Filter für ein Taschengeld
→ Java revolutioniert Online-Medien
→ Geld sparen durch bessere PostScript-Dateien
Gestaltung
→ Günter Gerhard Lange zur Designer-Ausbildung
→ Unendliche Schriftenvielfalt mit der Myriad
→ Die digitalen Divas des Starfotografen Yukinori Tokoro

PAGE – Kreation und Produktion digital

Die Monatszeitschrift zu Techniken und Trends in der visuellen Kommunikation

■ Zu den wichtigsten Aufgaben in unserer Kommunikationskultur zählen die Produktion und die grafische Gestaltung von Medien. Darüber berichtet PAGE. Aktuell und unabhängig von Ihrem Rechnersystem informiert Sie PAGE über computergestützte Werkzeuge, Trends und Methoden in der visuellen Kommunikation: vom Layoutprogramm bis hin zur digitalen Druckmaschine, von digitalen Schriften bis hin zum Online-Medium, von der digitalen Kamera bis hin zum Repro-Scanner. PAGE ist die Schnittstelle zum elektronischen Publizieren – für erfahrene, gestaltungsinteressierte PC-Anwender oder für Computereinsteiger und -profis aus den Bereichen Grafik, Produktion, Satz, Gestaltung, Illustration, Reprographie, Fotografie und Druck.

Trends und Trendmacher

Damit Sie wissen, was läuft. „Publisher" zeigt interessante Ideen rund ums Publishing und die Leute, die sie umsetzen; „Branche", der Wirtschaftsteil in PAGE, informiert über Hintergründe der Publishing-Branche.

PUBLISHER

Computermics

Themen und Thesen
Damit Sie mitreden können. PAGE-Titelgeschichten weisen den Weg in die Zukunft und regen zum innovativen Einsatz des Computers in Gestaltung, Kommunikation und Medienproduktion an.

Visionen und Versionen
Damit Sie mit neuen Softwares effizienter arbeiten. In „Programme" sagen wir Ihnen alles über neue Softwares und testen deren Eignung für Gestaltung und PrePress-Produktion.

Typo und Design
Damit Sie neue Ideen für sich nutzen können. „Gestaltung" bringt Sie in Sachen Typo auf Stand, diskutiert Themen der visuellen Kommunikation und liefert Step-by-step-Anleitungen zu raffinierter Gestaltung am Computer.

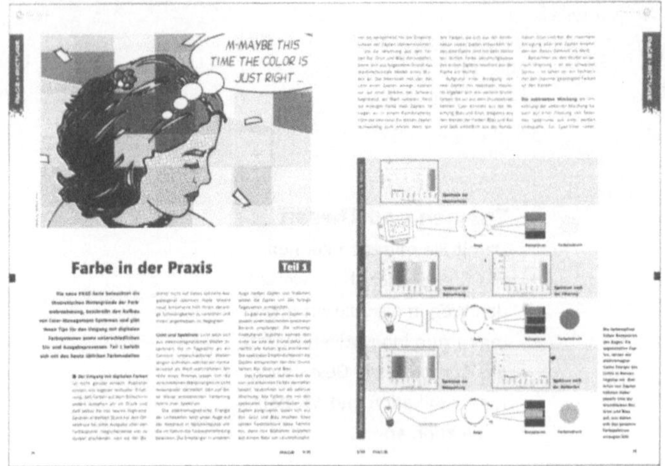

Service und Praxis
Damit Sie reibungslos und kostengünstig produzieren. „Service" verrät Ihnen Tips und Tricks, auf daß Sie reibungsloser produzieren und das Maximale aus Ihrem System herausholen. „Service" ist die Schnittstelle zwischen Kreation und Produktion.

Edelstein

Tests und Beratung
Damit Sie sinnvolle Investitionsentscheidungen treffen. Kompetente PAGE-Autoren unterstützen Sie in „Systeme" bei der Gerätewahl und testen praxisbezogen interessante neue Produkte vom Scanner bis zum Drucker, die Ihnen den Arbeitsalltag erleichtern.